Rolande Galizzi

Konfliktlösung durch Mediation im kirchlichen Bereich

Rolande Galizzi

Konfliktlösung durch Mediation im kirchlichen Bereich

Konflikte konstruktiv lösen

Fromm Verlag

Impressum / Imprint
Bibliografische Information der Deutschen Nationalbibliothek: Die Deutsche Nationalbibliothek verzeichnet diese Publikation in der Deutschen Nationalbibliografie; detaillierte bibliografische Daten sind im Internet über http://dnb.d-nb.de abrufbar.

Bibliographic information published by the Deutsche Nationalbibliothek: The Deutsche Nationalbibliothek lists this publication in the Deutsche Nationalbibliografie; detailed bibliographic data are available in the Internet at http://dnb.d-nb.de.

Coverbild / Cover image: www.ingimage.com

Verlag / Publisher:
Fromm Verlag
ist ein Imprint der / is a trademark of
OmniScriptum GmbH & Co. KG
Heinrich-Böcking-Str. 6-8, 66121 Saarbrücken, Deutschland / Germany
Email: info@frommverlag.de

Herstellung: siehe letzte Seite /
Printed at: see last page
ISBN: 978-3-8416-0531-3

Inhaltsverzeichnis

Vorwort

Jeder Mensch kennt Konflikte. Konflikte gehören zum Alltag. Auch in Kirchengemeinden und christlichen Unternehmungen sind sie wie in allen anderen Organisationen normal. Wo Menschen gemeinsam die Zukunft gestalten, wo Projekte aus Ideen, Vorstellungen und Träumen entwickelt werden, kann es zu Auseinandersetzungen kommen. Sowohl die vertretenen unterschiedlichen Denkweisen und Darstellungen, als auch Interessen und Bedürfnisse, die unausgesprochen bleiben, können Ursachen für Konflikte werden. Durch die Konflikte entstehen Spannungssituationen, in denen Menschen es schwierig finden, miteinander zu reden. Daraus entsteht Frustration und Enttäuschung. Die Fronten verhärten sich.

Die meisten Menschen möchten im Grunde mit anderen ein harmonisches Leben führen. Hilft man ihnen ihre eigene Persönlichkeit und die des Kontrahenten zu verstehen, so kann darauf aufbauend eine Akzeptanz der Verschiedenartigkeit erreicht werden.

Durch eine Schulung der Wahrnehmung und der Kommunikation können Veränderungen stattfinden und Konflikte gelöst werden.

Mediation bietet den gegnerischen Parteien eine Möglichkeit, ihre Gedanken, Bedürfnisse und Interessen zu artikulieren und zu erklären. Eine Konfliktbewältigung wird angeregt. Ist eine Lösung nicht sofort in Sicht, kann es durch eine Mediation zumindest zu einer Deeskalation des Konflikts kommen. Der Prozess der Mediation verändert die Wahrnehmung und Empfindsamkeit. Die Menschen werden angeleitet sich über die destruktiven Erfahrungen, die sie miteinander gemacht haben, in einem konstruktiven Dialog zu verständigen. In vielen Fällen können Wachstums-Prozesse stimuliert werden und die Streitparteien entwickeln Lösungskompetenz.

Für die Untersuchung von Konflikten und Konfliktlösungen im kirchlichen Bereich setzte ich Fragebögen ein. Die Erhebung stellt die zentralen Aussagen der Teilnehmer vor. In diesem Zusammenhang danke ich allen für ihre Teilnahme an der Befragung. Ihre Mitarbeit hat eine erste Analyse ermöglicht. Sie waren bereit, sich über ihre konkrete Konfliktsituation, die damit verbundenen Gedanken, Gefühle und ihr Verhalten sowie ihr geistliches Leben zu äußern. Ein besonderes Dankeschön gilt den lieben Freunden und Unterstützern. Ich danke ihnen für ihre Anregungen bei dieser Arbeit und für die Zeit, die sie immer wieder in die Korrektur investiert haben.

Einleitung

Der Begriff „Konflikt“ löst oft schon beim Hören unangenehme Gefühle aus. Viele Menschen wollen das Wort am liebsten gar nicht hören und sich noch weniger mit dem Thema auseinandersetzen. Die Sichtweise, dass es Konflikte im Kreis von Christen, die an einen liebenden Gott glauben und liebevoll miteinander umgehen sollten, nicht geben darf, ist verbreitet. Fakt ist aber, dass es Konflikte gibt und dies ganz natürlich ist. Viele Menschen kommen jedoch in die Kirche und erwarten dort einen respektvollen und vorbildlichen Umgang miteinander.

Im ersten Kapitel wird das Thema „Konflikt“ ausführlich betrachtet. Die meist negative Assoziation, mit dem Begriff wird relativiert, da in jeder Konfliktsituation auch eine Chance zur konstruktiven Entwicklung liegt. Die Entstehung von Konflikten und die unterschiedlichen Lösungsmöglichkeiten werden dargestellt. Da Konflikte auf individuell unterschiedlichen Wahrnehmungen und Kommunikationsstilen basieren, werden Modelle verschiedener Autoren zur Wahrnehmung und Kommunikation aufgezeigt.

Das zweite Kapitel beschäftigt sich mit der Mediation, wobei auch die historische Dimension berücksichtigt wird. Überlieferungen von Vermittlungsbemühungen aus vielen Ländern und zu verschiedenen Zeiten bezeugen, dass Mediation kein neues Verfahren ist, sondern eine alte Tradition hat. Der Ursprung der Mediation, wie wir sie heute anwenden, geht in die Zeit des westfälischen Friedens (1643-1648) zurück. Die Klärungsansätze, Bemühungen und die Haltung von früheren Mediatoren, die einen wichtigen Beitrag geleistet haben, um viel Unheil abzuwenden, werden in dieses Kapitel miteinbezogen. Die Persönlichkeit des Mediators und der konkrete Verlauf einer Mediation werden ebenfalls ausführlich behandelt.

Im dritten Kapitel werden Beispiele aus dem Alten und Neuen Testament der Bibel zum Thema „Konflikte und Streitkultur“ und ihre Bewältigungsstrategien dargestellt. Anschließend erfolgt die Auswertung der Fragebögen.

Im vierten Kapitel wird über die Chancen der Mediation im kirchlichen Bereich nachgedacht.

Um die Lektüre zu vereinfachen, verwende ich bei Personenbezeichnungen die männliche Form. Die Begriffe „Beteiligter“, „Konfliktpartei“, „Konfliktgegner“, „Kontrahent“, „Partei“ und auch „Mediant“ bezeichnen die Personen, die sich in einer Konfliktsituation befinden. Die Begriffe „Dritte“ und „Mediator“ beziehen sich auf die Vermittler.

1
Konflikttheorien aus psychologischen und soziologischen Perspektiven

Psychologische, soziologische und andere Disziplinen befassen sich mit dem Thema „Konflikt". Dementsprechend gibt es eine Vielfalt von Definitionsversuchen, unterschiedliche Konflikttheorien und Begriffsbestimmungen. Die Psychologie definiert einen Konflikt als ein Aufeinandertreffen einander entgegengesetzter Verhaltenstendenzen (vgl. Glasl. 1997, S. 11). In der Soziologie gibt es keine allgemein anerkannten Definitionen. Einigkeit besteht aber darin, dass soziale Konflikte grundsätzlich zwischenmenschlicher Natur sind und in einem gesellschaftlichen Kontext zu sehen sind (vgl. Glasl, 2004, S. 13).

Sowohl in der Psychologie als auch in den anderen Sozialwissenschaften, spricht man also von einem Konflikt, wenn sich widersprechende Inhalte aufeinandertreffen. Die nächsten Beispiele verdeutlichen auf welchen Gebieten Inhalte unvereinbar sein können (vgl. Berkel, 2010, S. 11):

Bei den Gedanken treffen widersprüchliche Inhalte aufeinander: Ich schaffe das schon. – Ich schaffe es doch nicht.

Im Verhalten zeigen sich widersprüchliche Neigungen: Ich fahre gern Auto. – Ich trinke gern Alkohol.

Bei einem Konflikt in der Beurteilung eines Sachverhaltes, prallen zwei unterschiedliche Einschätzungen aufeinander: Ein durchdachter Vorschlag wird von einem Mitarbeiter als realistisch eingeschätzt, während sein Vorgesetzter ihn aber für zu teuer hält (vgl. ebd.)

Zwei sich widersprechende Positionen müssen nicht grundsätzlich zu einem Konflikt führen. Dies ist nur der Fall, wenn der Mensch durch Forderungen von außen bedrängt wird, Stellung zu beziehen oder wenn zwei innere Verlangen in einer Person bestehen, die nicht gleichzeitig realisierbar sind (vgl. ebd.).

Der Begriff „Konflikt" stammt vom lateinischen Wort „conflictus" und bezeichnet den Zusammenstoß oder das Zusammenschlagen bei einem Kampf von Mann zu Mann. Das Verb „confligere" bedeutet „widersprechen und in Kampf geraten" (vgl. Duss-von Werdt, 2005, S. 181). Ein Konflikt besteht also aus einer Konfrontation, bei der sich Menschen gegenüberstehen, die in direktem Streit oder direkter Feindschaft sind. Ein Konflikt kann verbal und/oder durch eine handgreifliche Auseinandersetzung ausgetragen werden (vgl. S. 182).

Es ist eine Tatsache, dass Konflikte in jeder zwischenmenschlichen Beziehung existieren, dass sie ein Merkmal unseres Menschseins sind und deshalb so alt wie die Menschheit selbst (vgl. Bühl, 1976, S. 14).

Schon Epikur (342/41-271/70 v. Chr.) entwirft eine Konflikttheorie, die besagt, dass Menschen die Austragung von Konflikten vermeiden, weil sie Bestrafungen, Sanktionen und Androhungen von stärkerer Gewalt fürchten. Epikur behauptet, dass der Mensch im Naturzustand ein „wildes Tier“ sei und nur durch eine stärkere übergeordnete Gewalt vom Kampf gegen seine Artgenossen abgehalten wird. Damit postuliert er, dass es bei einem Konflikt nicht nur zwei Parteien gibt, sondern eine dritte Instanz involviert ist (vgl. Bühl 1976, S. 4 und Schäffer, 2004, S. 155).
Aristoteles (384-322 v. Chr.) beschreibt hauptsächlich Konflikte zwischen Sklaven und ihren Herren. Er betont, dass Sklaven, wenn sie die Wahl zwischen Freiheit und Sklaverei hatten, durchaus auf die Freiheit verzichteten, weil sie aus Gewohnheit und aus Angst vor dem Neuen (mit der einhergehenden Verantwortung) lieber als Sklaven weiter leben wollten (vgl. Schwarz, 1991, S. 135).
Im 16. Jahrhundert wollte Machiavelli (1469-1527) dann eine „Staaträson“ durchsetzen, wobei es sein Ziel war, das Volk vor dem Ausleben aggressiver Konfliktbewältigung zu bewahren und zu einem moralischen Leben anzuleiten (vgl. Reinhardt, 2012, S. 256).
Einen neuen Aspekt in der Konflikttheorie beleuchtet u.a. Deutsch in seinem Werk „ Konfliktregelung, konstruktive und destruktive Prozesse“, in dem er die positiven Funktionen des Konfliktes betont. Er versteht Konflikte als einen Wegweiser für das Erkennen von Problemen und Finden von Lösungen (vgl. Deutsch, 1976, S. 17). Konflikte signalisieren, dass Veränderungen notwendig sind und es verschiedene Interessen, Wünsche und Wahrnehmungen gibt. Sie verhindern Stagnation, fordern Entscheidungen heraus und lösen Veränderungen in der Persönlichkeit des einzelnen und in der Gesellschaft aus. Somit können Konflikte unter bestimmten Bedingungen und Vorrausetzungen positive Ergebnisse bewirken. Konflikte drücken auch immer die Unterschiedlichkeit von Menschen aus (vgl. ebd.).
Die zeitgenössischen Konfliktforscher Scheibel und Berkel teilen die Meinung, dass es persönliche wie auch strukturelle Faktoren sind, die einerseits Konflikte verursachen und andererseits die Art ihrer Austragung bestimmen. Jeder Mensch hat eine andere Prägung im Denken, Fühlen, Handeln und Wollen und jeder überwindet Probleme und Konflikte gemäß seiner individuellen Art (vgl. Scheibel, 2006, S. 10 und Berkel, 2010, S. 14). In der Regel werden Konflikte eher unauffällig von den Beteiligten bewältigt. Es werden Kompromisse gefunden, mit denen alle einverstanden sind. Gelingt es aber nicht, nehmen die Uneinigkeiten zu. Je nach Grundhaltung der Parteien werden Konflikte entweder konstruktiv oder destruktiv verlaufen. Menschen versuchen Konflikten auszuweichen, indem sie sie entweder bagatellisieren, verniedlichen oder vermeiden

durch Äußerungen wie „Es ist doch nicht so schlimm.“ „Ich habe kein Problem damit. Wenn es dich stört, dann ist es dein Problem.“ oder „Es wird schon.“. Die Konflikte aber bleiben und können jederzeit wieder an die Oberfläche treten (vgl. Besemer 1999, S. 24-33). Der destruktive Verlauf eines Konflikts ist dadurch gekennzeichnet, dass ein Mensch seine Meinung, Erwartungen, Interessen und Bedürfnisse einem anderen aufzwingen will. Einer ist Sieger, der andere ist Verlierer. Die ungelösten Konfliktverläufe können zu einer Eskalation führen, die in Gewalttaten enden kann (vgl. Pöhlmann & Roethe, 2004, S. 13). Konstruktive Auseinandersetzung bedeutet, dass Konflikte an Intensität verlieren und den Konfliktgegnern zu Handlungsmöglichkeiten verholfen wird. Dadurch werden Veränderungen und neue Entwicklungen realisierbar (vgl. Faller 1998, S. 14, Proksch 1998, S. 10-21).
Einerseits sind Konflikte als Chance für Veränderungen und als Möglichkeiten der Verbesserung zu sehen, anderseits werden Konflikte als Notstand verstanden und werden eher mit negativen Assoziationen wie Streit, Ärger und Bedrohung in Verbindung gebracht. Weil diese Charakteristika schwer auszuhalten sind, werden Konflikte als mögliche Gefahr bewertet. Sie verursachen eine Störung des Gleichgewichts und eine Destabilisierung von Strukturen, sie erzeugen Stress und Unzufriedenheit, was zu schlechten Arbeitsergebnissen führen kann (vgl. Dulabaum, 2003, S. 86 und Buck, 2002, S. 569).

1.1 Konflikteinteilung

Bei der Klassifikation von Konflikten wird zwischen inneren (seelischen) und äußeren (sozialen) Konflikten unterschieden (vgl. Berkel, 2010, S. 15), die auch als intrapersonelle und interpersonelle Konflikte bezeichnet werden (vgl. Kraus, 2005, S. 27 und Klappenbach, 2006, S. 24). Sie existieren sowohl im Privatleben als auch in der Arbeitswelt und können bei der Konfliktaustragung durchaus in Mischformen vorkommen. Es ist anzunehmen, dass die Konflikte, die wir mit anderen Personen ausfechten, ihren Ursprung in inneren Kämpfen und Spannungen haben (vgl. Glasl, 1997, S. 14).

Intrapersonelle Konflikte werden von Freud (1856-1939) als Konflikte zwischen verschiedenen Antrieben und Wunschvorstellungen interpretiert, die sich im Inneren jedes Menschen befinden. Dies wird in der Tragödie von Faust klar formuliert: „Zwei Seelen wohnen, ach! in meiner Brust.“ Dieser Aufruf verdeutlicht den menschlichen

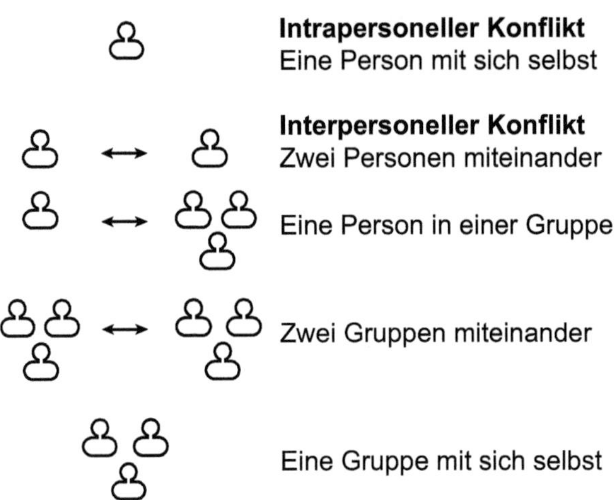

Abbildung 1: Arten von Konflikten nach Kraus.

Zustand bei einem inneren Konflikt. Sich widersprechende Ansichten innerhalb eines Menschen versetzen ihn in Unruhe, bewirken Gefühle der Anspannung und Unsicherheit und fordern eine Entscheidung (vgl. Weiner 1988, S. 36).
Freud erklärt die Persönlichkeitsstruktur des Menschen, indem er drei Komponenten unterscheidet: das Es, das Ich und das Über-Ich (vgl. ebd., S. 22). Jede Instanz hat eine differenzierte Funktion zu erfüllen. Das Ich ist dafür verantwortlich, das Es zu befriedigen und das Über-Ich zu beruhigen. Das Ich wird einerseits vom Es getrieben und anderseits vom Über-Ich eingeengt. Ein intrapersoneller Konflikt entsteht, wenn das Ich daran scheitert, einen Kompromiss zwischen den anderen zwei Komponenten zu erreichen (vgl. ebd., S. 23). Bei unlösbar scheinenden Konflikten werden Abwehrmechanismen aktiviert, die den Konflikt verdrängen und ihn damit unlösbar bleiben lassen. Laut Freud führt die Verdrängung zur Krankheitsanfälligkeit und erzeugt neurotische Symptome. Freud postuliert in seiner psychoanalytischen Theorie, dass vor allem die sexuellen Triebe, die im Widerspruch zu der eigenen Einstellung, den persönlichen Wünschen und der gesellschaftlichen Akzeptanz stehen, den Großteil aller Konflikte hervorrufen (vgl. ebd.).

Bei Freuds Theorie ist zu berücksichtigen, dass empirische Grundlagen fehlen (vgl. Bühl, 1976, S. 47), seine persönlichen Interpretationen des menschlichen Verhaltens hinterfragbar und seine Verallgemeinerungen zum Teil ungerechtfertigt sind und trotzdem hat seine Theorie die Psychologie durch seine Einsichten, Kenntnisse und präzisen Erklärungen beeinflusst und geprägt (vgl. Weiner, 1988, S. 29).
Im Unterschied zu Freud spricht Lewin[1] (1890-1947) von ambivalenten Kräften, die von außen auf eine Person widersprüchlich einwirken und innere Konflikte erzeugen können. Aufgrund dieser Annahme unterscheidet er drei Konflikttypen (vgl. Berkel, 2010, S. 15ff und Weiner, 1988, S. 125):

> *Annäherungs-Annäherungs-Konflikt* (Appetenzkonflikt): Eine Person steht zwischen zwei Zielen, die sie für gleich wertvoll hält, aber nicht gleichzeitig erreichen kann (z.B.: Ein Kind muss sich entscheiden, ob es sein Taschengeld für Süßigkeiten oder für ein Comic-Heft ausgeben will) (vgl. Weiner, 1988, S. 125).
> *Vermeidungs-Vermeidungs-Konflikt* (Aversionskonflikt): Eine Person muss zwischen zwei Tatsachen entscheiden, die sie beide als Übel ansieht (z.B.: Ein Kind hat den Auftrag bekommen, entweder den Rasen zu mähen oder seine Hausaufgaben zu machen) (vgl. ebd., S. 127).
> *Annäherungs-Vermeidungs-Konflikt* (Appetenz-Aversionskonflikt): Eine Person steht vor einer Entscheidung, die ihr sowohl Wertvolles als auch Übles bringt (z.B.: Ein Student möchte gerne aufhören zu lernen, weiß aber, dass die Prüfung vor der Tür steht, und hat Angst, sie sonst nicht zu schaffen) (vgl. ebd.).

Lewin betont, dass der *Annäherungs-Annäherungss-Konflikt* eher leicht zu lösen ist. Eine Veränderung der Kognition und Bedürfnisspannung bewirkt nämlich schon die Lösung des Konfliktes. Die Person wird sich für die Alternative entscheiden, die ihre Bedürfnisse nach der Veränderung stärker ansprechen (vgl. ebd., S. 126).
Der Vermeidungs-Vermeidungs-Konflikt ist schwieriger zu lösen, dennoch kann ein Mensch seine Unschlüssigkeit überwinden, wenn er daran gehindert wird, sich vor der Aufgabe zu drücken oder wegzulaufen. So kann eine stärkere Instanz, wie zum Beispiel ein Elternteil oder ein Vorgesetzter, auf eine Entscheidung drängen (vgl. ebd., S. 127).

---

[1] Kurt Lewin(1890-1947) war Sozialpsychologe. Er spricht von gleichzeitigem Aufeinandertreffen verschiedener Verhaltensoptionen, die die Person in einen inneren Zwiespalt bringt und keine schnellen Entscheidungen zulassen kann.

Die Ambivalenz bei einem *Annäherungs-Vermeidungs-Konflikt* besteht darin, dass das Ziel das erreicht werden soll und die eigene Motivation sich nicht entsprechen. Gewinnt das Ziel an Attraktivität, werden mit der Zeit die hinderlichen Gefühle (z.B. Angst) an Kraft verlieren und das Ziel kann erreicht werden (vgl. ebd.).
Bei einem intrapersonellen Konflikt befindet sich eine Person mit sich selbst im Konflikt. Innerhalb dieser Person treffen widerstrebende Impulse, Wünsche oder Positionen aufeinander. Entscheidungen können deshalb nicht leicht gefällt werden. Diese Art von Konflikt kann, muss aber nicht, Gegenstand therapeutischer oder seelsorgerlicher Intervention sein (vgl. Kraus, 2005, S. 27 und Klappenbach, 2006, S. 24). Intrapersonelle Konflikte sind Entscheidungskonflikte, die in der Regel nicht Gegenstand einer Mediation sind. Allerdings ist eine Kenntnis dieser Konflikte für den Mediator hilfreich, um die Gründe zu verstehen, weshalb bestimmte Lösungsoptionen nicht entwickelt werden können (vgl. Montada, 2007, S. 101). Mögliche Hintergründe eines Problemverhaltens bzw. einer seelischen Störung werden in der „Internationalen Klassifikation psychischer Störungen (ICD-10)“[2] beschrieben.
Bei *interpersonellen Konflikten* ist es wichtig, die Ebene, auf der sich der Konflikt abspielt, die Reichweite des Konfliktes und die jeweilige Erscheinungsform festzustellen.

Glasl unterscheidet zwischen drei Ebenen. Er spricht von der **Mikroebene**,[3] wenn mindestens zwei Kontrahenten beteiligt sind, die sich kennen. Die **Mesoebene** wird erreicht, wenn Konflikte zwischen Gruppen, Institutionen und Organisationen bestehen. Von der **Makroebene** wird gesprochen, wenn Konflikte in großen sozialen Einheiten, Globalisierungsprozessen und gesellschaftlichen Strukturen vorliegen (vgl. Glasl. 2002, S. 59ff, Klappenbach, 2006, S. 23). Es ist notwendig, die Arena des interpersonellen Konfliktes zu kennen, um die passende Behandlungsmethode zu bestimmen (vgl. Glasl. 2002, S. 59).
Rüttinger spricht von einem sozialen Konflikt (interpersonell), wenn „ zwei Streitparteien oder eine kleine Gruppe (Einzelpersonen, Gruppen, Organisationen), die vonein-

---

[2] Die „Internationale statistische Klassifikation der Krankheiten und verwandter Gesundheitsprobleme“ wurde von der Weltgesundheitsorganisation (WHO) erstellt und ist Teil der Familie der internationalen gesundheitsrelevanten Klassifikationen, die auch für die psychologische und psychotherapeutische Diagnostik verbindlich ist (www.psychotherapiepraxis.at/artikel/icd-10/).

[3] Die Begriffe: Mikro-, Meso und Makroebene werden in der Soziologie des sozialen Konflikts als Mehr-Ebenen-Erklärungen benutzt (vgl. Glasl. 2002, S. 59).

ander abhängig sind, mit Eindringlichkeit versuchen, scheinbar oder tatsächlich unvereinbare Handlungspläne zu verwirklichen und sich dabei ihrer Gegnerschaft bewusst sind“ (Rüttinger, 1977, S. 22). Mit dieser Aussage betont er, dass sich alle Parteien bewusst sind, dass Gegensätze existieren und dass die Konfliktaustragung begonnen hat (vgl. Glasl, 1990, S. 14).
Glasl dagegen definiert einen sozialen Konflikt erst dann als solchen, wenn entgegengesetzte Interessen in Handlungen umgesetzt werden.
„Ein sozialer Konflikt ist eine Interaktion zwischen Aktoren (Individuen, Gruppen, Organisationen usw.), wobei wenigstens ein Aktor Unvereinbarkeiten im Denken, Vorstellen, Wahrnehmen und/oder Fühlen und/oder Wollen mit dem anderen Aktor (anderen Aktoren) in der Art erlebt, dass im Realisieren eine Beeinträchtigung durch einen anderen Aktor (die anderen Aktoren) erfolge“ (Glasl, 1990, S. 14). Die Betonung liegt hier also auf der Interaktion zwischen Aktoren und auf der Wahrnehmung, dass eine Beeinträchtigung vorhanden ist. Mindestens ein Aktor (einzelne Person, Gruppen, Parteien oder Staaten), der diese Beeinträchtigung wahrnimmt, muss das Verlangen haben, diese Störung unwirksam zu machen. Durch das Handeln eines anderen sieht er, dass die Verwirklichung eigener Gedanken, Gefühle und Intentionen behindert wird. Die Beeinträchtigung ist zuerst auf das Denken, die Vorstellung und die Wahrnehmung beschränkt und wird später auf das Fühlen und Wollen ausgeweitet (vgl. ebd., 15).
Eine notwendige Voraussetzung für eine erfolgreiche Konfliktbewältigung ist es also, zu prüfen, um welche Art von Konflikt es sich handelt und welches Ausmaß der Konflikt angenommen hat (vgl. ebd.).

Die Reichweite des Konfliktes

Wenn der äußere Rahmen eines Konflikts erfasst ist, kann man seine Reichweite erforschen.
Hier untersucht Glasl wie umfassend die Auseinandersetzung zwischen den Konfliktparteien ist und teilt sie in drei Ebenen ein: Reibung, Positionskampf und Systemveränderungskonflikt (vgl. Glasl, 1997, S. 65).

Reibungen oder Friktionen (Pondy, 1967). Unzufriedenheit zwischen Kontrahenten besteht und organisatorische Strukturen werden hinterfragt. Es finden harte Sachdiskussionen statt, aber die Parteien respektieren, dass sie zueinander in einem festgelegten Positionsverhältnis stehen.
Positionskampf. Dabei handelt es sich um Kämpfe, bei denen die Konfliktparteien

ihre aktuelle Position verbessern oder erweitern wollen. Sie bemängeln z.B. dass sie in eine Entscheidung nicht miteinbezogen waren. Es geht um eine Verbesserung ihrer Position vom „Nicht-Entscheider" zum „Mit-Entscheider" (vgl. ebd.).
Systemveränderungskonflikt. Er betrifft die Organisation und die übergeordneten Strukturen, in der sich die Konfliktparteien befinden. Die Auseinandersetzung dreht sich um Fragen zu Regelungen, zur Hausordnung oder zu Maßnahmen. Die gesamte Struktur wird infrage gestellt (vgl. ebd.).

Diese Einteilung lässt erkennen, wie tief der Grad der Unzufriedenheit zwischen Konfliktparteien ist. Durch die Ausdehnung der Konfliktthemen und durch eine zunehmende Eskalation kann sich ein Reibungskonflikt zu einem Systemveränderungskonflikt ausweiten.

Erscheinungsformen von Konflikten
Bei den Erscheinungsformen differenziert Glasl zwischen „manifesten" und „latenten" Konflikten (vgl. ebd.).

Ein *manifester Konflikt* ist klar erkennbar und zeigt sich, nachdem die Spannung zu groß geworden ist. Es kommt zu einer Konfliktmanifestation, denn die Unterdrückungs- und Abwehrmechanismen versagen (vgl. ebd.).
Ein *latenter Konflikt* wird nicht wahrgenommen, vermieden oder verdrängt (vgl. ebd.).

Des Weiteren unterscheidet Glasl zwischen „heißen" und „kalten" Konflikten (vom Fanatismus bis zur inneren Kündigung). Bei der Interaktion zwischen Kontrahenten werden ihre Auseinandersetzungen und Anfeindungen auf unterschiedliche Art ausgetragen (vgl. Glasl. 2002, S. 69):

Bei *heißen* Konflikten zeichnen sich die Parteien durch eine tiefe Überzeugung der eigenen Überlegenheit und einer Begeisterungsstimmung für ihre Sache aus. Sie sind übermotiviert und versuchen andere von ihren eigenen Idealen zu überzeugen und Anhänger zu gewinnen. Die Konfliktparteien sind von der Echtheit ihrer eigenen Motive überzeugt und stellen sie nicht zur Diskussion. Angriff und Verteidigung sind für alle klar sichtbar. Die Auseinandersetzungen werden offen ausgetragen (vgl. ebd.).
Kalte Konflikte bestehen, wenn Frustrationen und Hassgefühle hinuntergeschluckt werden. Die Konfliktparteien sind voneinander enttäuscht und desillusioniert. Die

Konfliktlösung durch Mediation im kirchlichen Bereich Konflikte führen zu einer zunehmenden Lähmung aller äußerlichen Aktivitäten und zu einer Leistungsminderung der Kontrahenten. Es finden keine Auseinandersetzungen statt, die Kontrahenten entscheiden sich eher für ein Ausweichen und Vermeiden. Bei kalten Konflikten fehlen Führungspersönlichkeiten (vgl. ebd.).

Weiterhin unterscheidet Glasl zwischen „formgebundenen" und „formlosen" Konflikten.

Bei *formgebundenen* Konflikten folgen die Parteien in einer Organisation den festgelegten und anerkannten Formen der Konfliktaustragung. Sie beanspruchen rechtliche Prozeduren (Gerichte oder Schiedsverhandlungen). Die Konfliktgegner sehen diese Vorschriften als Schutz gegen Vorwürfe oder willkürliche Eingriffe.

Der *formlose* Konflikt wird ausgetragen ohne Berücksichtigung einer vorgegebenen Form, da die Konfliktparteien darin keine Steigerung ihrer Aussicht auf Erfolg sehen. Sie lehnen die bestehenden Formen ab und stellen deshalb ihre eigenen Regeln auf. Es handelt sich hier um Randgruppen, die sich gegen die Mehrheit zu behaupten versuchen und die die gesellschaftlichen Regeln ablehnen (vgl. ebd.).

Hierzu eine vereinfachte Veranschaulichung der Konflikttypologie nach Glasl:

Sozialer Rahmen (Arena)	**Reichweite der Bemühungen**	**Dominante Erscheinungsformen**
1. Mikro-Konflikt	1. Reibungskonflikt oder Friktion	1. Formgebunden oder formfrei
2. Meso-Konflikt	2. Positionskämpfe	
		2. Heißer oder kalter Konflikt
3. Makro-Konflkikt	3. Systemveränderungs-Konflikte	

Abbildung 2: Konflikttypologie nach Glasl.

Bei der Untersuchung der Arena des Konfliktes, geht es um seine Ausbreitung. Die Analyse der Reichweite untersucht, um welche Konfliktpunkte es geht und die Erscheinungsformen geben Informationen über die Strukturen eines Konfliktes. Es ist wichtig, dass der Mediator ein deutliches Bild von der Konfliktsituation bekommt und den Parteien so viel wie möglich selbst durchschauen, in welcher Situation sie sich befinden.

1.1.1 Unterscheidung nach Konfliktgegenständen

Ein Konflikt lässt sich nicht immer eindeutig klassifizieren. Erst die Suche nach der Ursache kann zu der Erkenntnis führen, dass der offenkundige Konflikt nur vorgeschoben ist. Die dahinterliegenden Motive und Wertvorstellungen müssen erkannt und thematisiert werden, um zu einer wirksamen Lösung zu kommen.

Berkel untersucht verschiedene Konfliktgegenstände und beschreibt unterschiedliche Ursachen für Konflikte (vgl. Berkel, 2010, S. 23).

Bei dem ***Bedürfniskonflikt*** handelt es sich um unterschiedliche Interessen, die beide Parteien gleichzeitig durchsetzen wollen. Eine Person fühlt sich durch die andere beeinträchtigt, eigene Vorstellungen, Gefühle und Pläne zu verwirklichen.

Beispiel: *Ein Vorgesetzter unterbricht eine wichtige Arbeit von einem Mitarbeiter und bestellt ihn zu sich, lässt ihn jedoch im Vorzimmer lange warten*(vgl. ebd.).

Ein ***Wertekonflikt*** tritt dann auf, wenn eine eigene Überzeugung mit gegensätzlichen Werten aus dem Umfeld kollidiert. Es wird von außen erwartet, dass jemand sein Verhalten ändert.

Der Mensch muss nun entscheiden, ob er nachgibt und seine Wertvorstellung aufgibt oder eventuell unter hohen persönlichen Kosten bei seiner eigenen Wertvorstellung bleibt.

Beispiel: *Im Verkaufsressort eines internationalen Konzerns kommt es zur Auseinandersetzung. Ist es vertretbar, bestimmte Politiker zu schmieren, um Aufträge und damit Arbeitsplätze zu erhalten?* (vgl. ebd., S. 24)

Beim ***Rollenkonflikt*** werden einer Person Aufgaben, Zuständigkeiten, Erwartungen, Rechte und Pflichten sowie Erwartungen auferlegt, die sich widersprechen.

Beispiel: *Ein Mitarbeiter arbeitet unter zwei verschiedenen Vorgesetzten. Der eine verlangt, dem Kunden Produktrisiken zu verschweigen, der andere verlangt, dass er den Kunden darüber informiert.* (vgl. ebd.)

Die Ursache eines Beziehungskonfliktes liegt im Bereich der Emotionen. Oft sind verdrängte Gefühle der Auslöser des Konflikts. Eine unterschwellige Rivalität kann hinter dem Streit stecken. Ein Beziehungskonflikt entsteht, wenn z.B. eine Person eine andere demütigt und missachtet.

Beispiel: *Ein Vorgesetzter nimmt den Fehler eines Mitarbeiters zum Anlass, ihn vor der gesamten Mannschaft zu belehren.* (vgl. ebd.)

Fazit

Konflikte werden meistens als störend betrachtet und nur ungern thematisiert. Sie unterbrechen, wenn auch oft nur vorübergehend, den Handlungsablauf und zwingen den Menschen, seine Pläne neu zu sortieren und zu ordnen. Ein Konflikt weist darauf hin, dass es Probleme gibt, die gelöst werden können. Dafür brauchen die Beteiligten allerdings die Klarheit, dass nicht der Konflikt an sich problematisch ist und sich nicht sofort destruktiv auswirkt, sondern dass der Umgang damit schwierig ist.

1.1.2 Abgrenzung des Begriffs „Konflikt“

Fast jeder Konflikt ist ein Problem, aber nicht jedes Problem führt zum Konflikt. Probleme sind sachbezogen und können leichter von den Beteiligten bewältigt werden und sind deshalb von dem Begriff Konflikt abzugrenzen. Konflikte sind auf die Beziehungsebene angesiedelt (vgl. Rüttinger, 1977, S. 27). Dennoch können Probleme zwischen Menschen wie eine Barriere sein, die Begegnungen miteinander erschweren und einen Konflikt verursachen. Eine Verbindung zwischen Problem und Konflikt besteht zwar, aber dennoch sollten Problem und Konflikt getrennt betrachtet werden. Duss-von Werdt erklärt diesen Unterschied mit der folgenden Illustration: „Mit dem Geld kann ich Probleme bekommen, aber keine Konflikte, denn es lässt sich mit mir ja nicht ein, noch schlägt es zu (…). Hingegen kann ich um des lieben Geldes Willen in eine Beziehungskrise geraten“ (Duss-von Werdt, 2005, S. 182).
Von „Problemen“ und nicht von „sozialem Konflikt“ spricht Glasl, wenn einzelne Bereiche der vier unten genannten Unvereinbarkeiten zutreffen:

- Unvereinbarkeit nur im kognitiven Bereich: Personen haben unterschiedliche Wahrnehmungen oder verschiedene Meinungen zu einem Thema.
- Unvereinbarkeit nur im Fühlen: Personen haben unterschiedliche Vorlieben, die zu emotionalen Gegensätzen (Sympathie oder Antipathie) führen.
- Unvereinbarkeit nur im Wollen: Antagonismen in verschiedenen Lebensbereichen verursachen Spannungen.
- Unvereinbarkeit nur im Handeln: Das Verhalten einer Person passt nicht zu

den Erwartungen einer anderen Person. Eine spätere Erklärung, dass aus Versehen und ohne böse Absicht so gehandelt wurde, kann zur Entspannung führen (vgl. Glasl. 1990, S. 16).

Ballreich & Glasl benutzen den Begriff „Differenzen“ und erklären, wie sie sich zu Konflikten entwickeln, wenn die Interaktion zwischen den Konfliktparteien aus Missachtung besteht. Gespräche können dann nicht gemeistert werden, ohne in Streit zu geraten. Die Einstellung, wie Menschen Probleme betrachten und verstehen und die Art und Weise, wie sie versuchen, sie zu bewältigen, kann dazu führen, dass daraus Konflikte entstehen, die schließlich eskalieren (vgl. Ballreich/Glasl, 2007, S. 13).

Welches Konfliktmuster (defensiv, offensiv oder beidseitige Opferhaltung) vorliegt, kann an der Reaktion der Kontrahenten in einer bedrohlichen Situation erkannt werden:

- Eine Partei kämpft offensiv und wird deshalb als Täter gesehen. Die andere Partei reagiert defensiv, indem sie sich zurückzieht und wird deshalb als Opfer wahrgenommen.
- Konfliktgegner streiten sich, die eigentlich beide am liebsten den Konflikt vermeiden möchten. Sie kämpfen, um darzustellen, wer das größere Opfer ist (vgl. Bastine, 2004, S. 25).

Je länger ein Problem oder eine Differenz andauert und je verbitterter die Gegner werden, desto größer wird die Tendenz zur Konfliktausdehnung und zur Ausweitung des sozialen Rahmens. In Konflikten geht es um Beziehungen, um das Verhältnis zueinander, um Bedürfnisse und Interessen und um zugeschriebene Absichten (vgl. ebd.).

1.2 Das Entstehen von Konflikten nach Glasl

Jeder Konflikt hat eine mehr oder weniger lange Geschichte. Konflikte entstehen meist nicht plötzlich, sondern entwickeln sich verdeckt über einen längeren Zeitraum (vgl. Seifert, 1996, S. 52).

Unausgesprochene Meinungsverschiedenheiten oder Interessengegensätze können sich zu Konflikten entwickeln. Zuerst werden sie als Problem wahrgenommen und verdrängt, um z.B. die Beziehung nicht zu gefährden. Im Laufe der Zeit aber wachsen die Probleme, die Beziehungen werden verhärtet, die Gedanken- und Gefühlswelt gerät in eine Negativspirale, die sich intensiviert. Der bisher verdeckte Konflikt kann jederzeit offen ausbrechen. Nach dem Konfliktausbruch bekämpfen sich die Parteien gegenseitig (vgl. Ballreich/Glasl, 2007, S. 45,46).

Glasl hat dieses Eskalationsmuster in neun Stufen dargestellt, die sukzessive in den Abgrund führen. Der Eskalationsprozess ist eine Abwärtsbewegung, ein Abstieg zu einem immer tieferen Regressionsniveau. Die Dynamik der Eskalation wird für die direkt Betroffenen schwer durchschaubar. Glasl hat das treffend so ausgedrückt: „Am Anfang hat man noch einen Konflikt – später hat einen der Konflikt." (vgl. Glasl, 1997, S. 190).
In der ersten Ebene können Konfliktgegner noch gewinnen. Bei dem Betreten der nächsten Ebene werden Handlungsmöglichkeiten zerstört und daraus resultiert, dass eine Partei verliert und die andere gewinnt. Auf der dritten Ebene wird die Situation bedrückender, da Handlungsalternativen ausgeklammert werden, was dahin führt, dass alle Kontrahenten verlieren. Von Stufe zu Stufe werden die Konfliktparteien stärker von eigenen Denkgewohnheiten, Gefühlen und Motiven dominiert. Der Kontrahent wird vom Gegner zum Feind (vgl. Glasl. 1990, S. 191-218).

1 Verhärtung	2 Debatte	3 Taten statt Worte	4 Images Koalitionen	5 Gesichtsverlust	6 Drohstrategien	7 Begrenzte Vernichtungsschläge	8 Zersplitterung	9 Gemeinsam in den Abgrund
Standpunkte verhärten zuweilen, prallen aufeinander	Polarisation im Denken, Fühlen und Wollen Schwarz-Weiß-Denken	Worte; Strategie der vollendeten Tatsachen	Stereotypen, Klischees, Image-Kampagnen, Gerüchte auf Wissen und Können	öffentliche und direkte Gesichtsangriffe	Drohung und Gegendrohung	Denken in „Ding-Kathegorien“	Paralysieren und Desintegrieren des feindlichen Systems	kein Weg mehr zruück!
zeitweilige Ausrutscher und Verkrampfung	Taktiken quasi rational, verbale Gewalt	Diskrepanz: verbales-nonverbales Verhalten; nonverbales Verhalten dominiert	einander in negative Rollen manövrieren und bekämpfen	inszenierte „Demaskierungsaktion“, Ritual		keine menschliche Qualität mehr		totale Konfrontation
Bewusstsein der bestehenden Spannung erzeugt Krampf			Werben um Anhänger			begrenzte Vernichtungsschläge als „passende Antwort“		
I „win-win“			II „win-lose“			III „lose-lose“		

Abbildung 3: Modell der Konflikteskalation nach Friedrich Glasl.

Die erste Ebene: Win-Win

Stufe 1: ***Verhärtung***

Die unterschiedlichen Standpunkte und Spannungen des Alltags verhärten sich und prallen aufeinander. Das Verhältnis zwischen den Parteien kann zu Verkrampfungen führen, denn die Kontrahenten konzentrieren sich auf die Unterschiede zwischen ihnen und überschätzen ihre eigene Meinung. Sie sind sich der Spannungen bewusst und können diese mittels rationaler Gespräche lösen. Doch es besteht die Gefahr von weiteren Konflikten.

Stufe 2: ***Debatte***

Die Konfliktparteien kommunizieren in Form von harten verbalen Konfrontationen und können nicht mehr ungezwungen miteinander reden. Es kommt zu einer kompetitiven Einstellung und zur Verteidigung der eigenen Vorstellungen. Ein Kampf um die Überlegenheit entsteht, wobei eine Partei versucht die andere in die Enge zu treiben und zu verunsichern. Dabei geht es darum, auf keinem Fall nachzugeben und die Gegenpartei durch Überlegenheit zu beeindrucken und unter Druck zu setzen. Es kommt zu einem Schwarz-Weiß-Denken, das zu einer Polarisierung im Denken, Fühlen und Wollen führt:

> **Polarisierung im Denken:** Es kann nicht mehr sinnvoll argumentiert werden, weil jede Partei der anderen die Schuld zuschiebt. Dazu ein französisches Sprichwort aus Martinique: „Le bossu ne voit pas sa bosse et voit celle de son confrère." (Der Bucklige sieht seinen Buckel nicht, aber den seines Gefährten).
>
> **Polarisierung im Fühlen:** Nebensächlichkeiten im Verhalten des Gegners werden als Ablenkungsmanöver genutzt und sein Fühlen wird manipuliert, indem durch eine Provokation der Werte des Gegenübers eine erregte Reaktion ausgelöst wird, die wiederum als Schwäche beurteilt wird. Die Emotionen werden gegenseitig manipuliert.
>
> **Polarisierung im Wollen:** Die Bereitschaft für eine konstruktive Lösung ist immer weniger vorhanden und die Kommunikation wird immer undurchsichtiger. Schlussendlich wollen die Parteien nicht mehr miteinander reden.

Stufe 3: ***Taten statt Worte***

Auf dieser Stufe tritt die Überzeugung ein, dass Argumentieren nicht mehr hilft und deshalb Taten folgen müssen. Die Parteien sind nicht bereit ihre Überzeugung abzulegen, setzen aber die Gegenseite unter Druck und erwarten, dass diese ihre Meinung ändert. Mit geplantem aggressiven Auftreten im Bereich der non-verbalen Kommuni-

kation wollen sie Selbstsicherheit und Stärke demonstrieren. Dies kann zum Beispiel auch durch das Verschweigen von Informationen geschehen („Oh, das habe ich ganz vergessen dir zu sagen“). Die Gegenseite hat es nun schwer, das non-verbalen Verhalten zu interpretieren und wird verunsichert.
Ein echtes Gespräch ist auf dieser Stufe schwer erreichbar. Zwischen den Parteien ist eine tiefe Kluft entstandern, die konstruktive Gespräche unmöglich macht.

Die zweite Ebene: Win-Lose

Stufe 4: ***Images/Koalitionen***
Der Konflikt verschärft sich. Konfliktparteien versuchen, für ihre Sache Anhänger zu gewinnen. Unentschlossene werden gezwungen, für die eine oder für die andere Seite Stellung zu beziehen. Zwischen den Parteien kommt es zunehmend zu Provokationen und sie bewegen sich gegenseitig in festgelegten, negativen Rollen und bekämpfen sich. Es geht nicht mehr um die Sache, sondern darum, zu gewinnen, damit der Gegner verliert. Die Konfliktarena weitet sich aus.
Stufe 5: ***Gesichtsverlust***
Auf dieser Stufe geht es um öffentliche und direkte Unterstellungen, die auf den Gesichtsverlust des Gegners abzielen. Es wird mit allen Mitteln versucht, die moralische Glaubwürdigkeit des Gegners zu zerstören.
Stufe 6: ***Drohstrategien***
Drohungen und Gegendrohungen nehmen zu und werden benutzt, um die Situation zu kontrollieren. Die eigene Macht soll dadurch demonstriert werden. Das Gewaltpotenzial wird erhöht. Angedrohte Forderungen (eine Konfliktpartei wird gezwungen etwas zu tun), die durch eine Sanktion (sonst passiert etwas) und durch das Sanktionspotenzial (z.B. eine Waffe zei-gen) verschärft werden, provozieren Gegendrohungen. Der Konflikt wird dadurch verschärft.

Die dritte Ebene: Lose-Lose

Stufe 7: ***Begrenzte Vernichtungsschläge***
Der Gegner wird mit gezielten Tricks aus dem Weg geräumt. Bei den Handlungen sieht man sich nicht mehr als Mensch. Stattdessen behandeln die Gegner einander nur noch als „Ding“. Die Konfliktparteien trauen sich alles zu und ihre Feindbilder verfestigen sich. In dieser Phase ziehen die Konfliktparteien ihr Selbstwertgefühl aus einer be-

wussten Zerstörungslust. Jeder Gewaltakt der einen Seite wird sofort mit einem Vergeltungsschlag der Gegenseite beantwortet. Ab jetzt wird ein begrenzter eigener Schaden schon als Gewinn angesehen, wenn der Schaden des Gegners größer ist.
Stufe 8: ***Zersplitterung***
Auf dieser Stufe wird die Zerstörung und Vernichtung des feindlichen Systems verfolgt. Der Gegner soll zugrunde gerichtet werden und zwar wirtschaftlich, materiell, psychisch und/oder geistig.
Stufe 9: ***Gemeinsam in den Abgrund***
In der letzten Stufe kommt es zur totalen Konfrontation ohne einen Weg zurück (gemeinsam in den Abgrund). Alle Handlungen zielen auf die Vernichtung des Gegners, auch um den Preis der Selbstvernichtung (vgl. Glasl, 1990, S. 191-218).

Fazit
In Auseinandersetzungen und in Konfliktsituationen wird deutlich, wie schwierig das Annehmen der persönlichen und sachlichen Differenzen für die Kontrahenten ist. Die Wahrnehmung und der Kommunikationsstil des Gegners werden nicht zugelassen. Die Ursachen des Konflikts werden von den Parteien unterschiedlich gedeutet. Im Fall eines Streites treffen die Vorstellungen und Erwartungen, die ein Mensch von einem anderen hat, nicht zu. Das gesamtes Bild, das ein Mensch von sich weitergibt, wird anders wahrgenommen und interpretiert.

1.2.1 Interventionen der Konfliktbehandlung

Die Ansätze zur Konfliktintervention werden gezielt angepasst, um Konflikte, Meinungsverschiedenheiten oder Differenzen zu bearbeiten (vgl. Ballreich & Glasl, 2007, S. 14). Für die Regelung eines Konfliktes zwischen Beteiligten existieren unterschiedliche Möglichkeiten, die die Befriedigung ihrer Bedürfnisse ermöglichen (vgl. Schäffer, 2004, S. 150). Je nach Konfliktgegenstand differenzieren sich die Variablen zur Lösungsfindung. Jedes Verfahren, das den zwischenmenschlichen Frieden bringt, wird akzeptiert (vgl. ebd., S. 151 und 183ff).
Die Literatur bietet eine Vielfalt von Methoden der Intervention an, die unter Berücksichtigung der Natur des jeweiligen Konfliktes ausgewählt werden müssen. Bestimmte Techniken die für „heiße Konflikte" empfehlenswert sind (z.B. die Mitteilung von Werten, Informationen), können dagegen bei „kalten Konflikten" zu Abwehrverhalten

führen. Je nach Konflikteskalationsstufe ist eine andere Methode erfolgversprechend (vgl. Glasl, 2002, S. 129).
Röhrle und Glasl sprechen von der Möglichkeit der kurativen und der präventiven Intervention. Die präventiven Techniken werden angewendet, wenn noch kein offensichtlicher Konflikt vorliegt. Allerdings kann ein Konfliktpotential in einer Gruppe bzw. einer Organisation gespürt werden (vgl. Röhrle, 2004, S. 517-519). Mögliche Störungen oder Widersprüche können durch Fragen bewusst gemacht werden, damit dann präventive Maßnahmen angeboten werden können. Zu diesen präventiven Techniken gehört das Training der sozialen Kompetenz und der Kommunikation, sowie Stressbewältigungs- und Interventionsprogramme für spezifische Störungsarten (wie Depressionen, Ängste, Gewaltbereitschaft und riskantes Verhalten z.B. bei Drogenmissbrauch und sexuellen Übergriffen) (vgl. ebd.).
Sind jedoch Konflikte schon offenkundig vorhanden, werden kurative Techniken angewendet, die eine Deeskalation, eine Klärung und Lösung des Konfliktes bewirken sollen. Hierbei unterscheidet Glasl zwischen deeskalierenden und eskalierenden Methoden (vgl. Glasl, 2002, S. 130). Bei „kalten" Konflikten, befürwortet er eskalierende Methoden, die zur offenen Konfrontation mit dem bisher verdrängten Konflikte führen sollen (vgl. ebd., S. 131). Der Konflikt kommt so an die Oberfläche.
Bei den deeskalierenden Methoden nennt Glasl mehrere mögliche Interventionsverfahren, wobei die jeweilige Konflikteskalationsstufe die Wahl der Methode bestimmt (vgl. Klappenbach, 2006, S. 29):

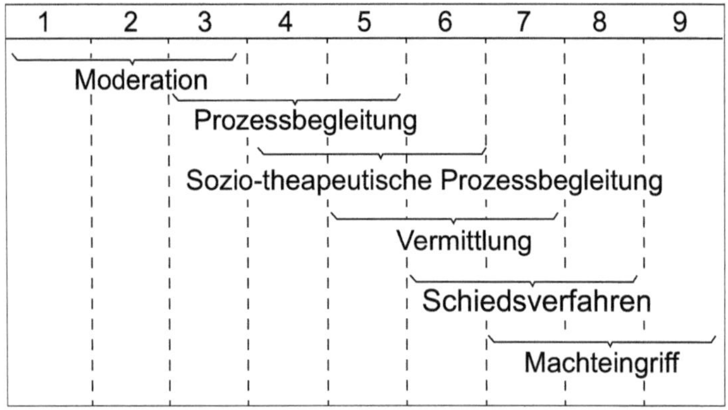

Abbildung 4: Modell der Konfliktbehandlung nach Glasl

Stufe 1-3: ***Moderation***

Ein Moderator (im Lateinisch: der Lenker, der Leiter) strukturiert den Ablauf des Konfliktgesprächs. Seine Aufgabe ist es, dafür zu sorgen, dass die Konfliktparteien eine möglichst großen Freiraum zur inhaltlichen Arbeit bekommen, dass sie arbeitsfähig sind und bleiben (vgl. Seifert, 2001, S. 87). In der Regel sind sie noch in der Lage, ihren Konflikt selbst zu lösen und aus der Konfliktsituation wieder auszubrechen (vgl. Klappenbach, 2006, S. 30).

Stufe 3-5: ***Prozessbegleitung***

Ein Prozessbegleiter versucht neben der Thematisierung von Sachfragen verstärkt Beziehungsfragen zum Mittelpunkt des Klärungsprozesses einzubringen. Gegenseitige Abwertung und destruktive Kommunikationsmuster sind eine Sperre, die den Konfliktgegnern keine Möglichkeiten geben, miteinander ins Gespräch zu kommen. Die Parteien werden dabei unterstützt, ihre destruktiven Kommunikationsformen zu erkennen und zielorientierte Kommunikationsregeln zu verhandeln. Die starren Selbst- und Fremdbilder werden enthärtet, um eine realistische Sicht auf die eigene Situation zu ermöglichen (vgl. ebd.).

Stufe 4-6: ***sozio-therapeutische Prozessbegleitung***

Diese Begleitung hat primär noch den Konflikt im Blick, bezieht sich aber auch auf Anteile der Persönlichkeit. Die Konflikte können sich durch unbewusste Blockaden, neurotische Einstellungen und Rollenparadigmen ausdehnen (vgl. ebd.).

Stufe 5-7: ***Vermittlung/Mediation***

Konflikte können auch mit Hilfe eines Mediationsverfahrens gelöst werden. Durch Verhandlung kommen Streitfälle dabei zur einvernehmlichen Beilegung. Der Mediator unterstützt die Medianten bei der Suche nach akzeptablen Lösungen des aktuellen Problems (vgl. Breidenbach/Falk, 2005, S. 264). Er ist weder entscheidungs- noch vorschlagsbefugt (vgl. Kraus, 2005, S. 15).

Das Mediationsverfahren steht nicht im Widerspruch zum Gerichtsverfahren. Es handelt sich vielmehr um eine Kooperation zwischen beiden Verfahren (vgl. ebd., S. 19). Untersuchungen haben gezeigt, dass trotz der Möglichkeit einer erfolgreichen Mediation, in einigen Fällen ein Richter oder andere Autoritäten bevorzugt werden, wenn es um Rechtsfragen geht oder wenn fehlende Vertrauen an das Verfahren, seitens einen Medianten besteht (vgl. Montada/Kals, 2007, S. 7).

Die positive Wirkung einer Mediation besteht darin, dass Auseinandersetzungen, die langwierig und belastend sind, konstruktiv beendet und mit einvernehmlicher Vereinbarung abgeschlossen werden können (vgl. Bastine, 2004, S. 42). Weiteres dazu wird im Kapitel 2, S. 49 ausgeführt.

Stufe 6-8: ***Schiedsverfahren/gerichtliches Verfahren***
Da Prozesse Geld, Zeit und Nerven kosten, suchen Konfliktgegner oft eine Schlichtung. Schiedssprüche haben Bestand vor offiziellen Instanzen. Streitigkeiten werden durch Schlichtung beigelegt, ohne sie sofort vor Gericht auszutragen. Konfliktparteien haben zwei Möglichkeiten von Schiedsgerichten, einerseits können sie ihre Schiedsgerichte selbst organisieren, indem sie die Auswahl und Bestellung des Schiedsrichters aussuchen, anderseits können sie sich an ein institutionelles Schiedsgericht wenden. Die Regelungen, die im Schiedsverfahren getroffen werden, können einvernehmlich ergänzt oder geändert werden. Die Konfliktparteien sind an das Ergebnis des Verfahrens gebunden (vgl. Kraus, 2005, S. 15).
Stufe 7-9: ***Machteingriff***
Das Eingreifen einer Machtinstanz ist dann sinnvoll, wenn kein konstruktives Vorgehen in einen fortgeschrittenen Konfliktprozesses mehr möglich ist (vgl. Klappenbach, 2006, S. 29-30). Konfliktparteien können ihre Streitfälle an das Gericht delegieren. Die Staatsanwälte werden Streitigkeiten nach Recht und Gesetz regeln. Konfliktparteien müssen dann die Entscheidung eines Gerichts akzeptieren (vgl. ebd., S. 15).
Eine Auseinandersetzung mit Konflikten zielt zur Reduktion von negativen Konfliktfolgen auf die Kontrahenten. Eine innere Bereitschaft zur Problembewältigung der Beteiligten beschleunigt die Konfliktbearbeitung und ermöglicht die Entwicklung des synoptischen Denkens[4] . Dabei geht es um ein vernetztes Denken, das im Gegensatz zu einer „Entweder- oder- Entscheidung" bei der Konfliktlösung mehrere Alternativen anbietet. Viele Möglichkeiten, die sich anscheinend widersprechen, werden dabei als komplementär akzeptiert.
Nicht bearbeitete Konflikte haben negative Auswirkungen auf die Gesundheit und können das körperliche und psychische Gleichgewicht stören und zu Krankheiten führen.

1.3 Auswirkungen von Konflikten auf Soma, Psyche und Pneuma

Die komplexe Situation eines Streites, die auf ein Individuum einwirkt, ist verantwortlich dafür, dass der Mensch in der Konfliktsituation physiologische, biologische und spirituelle Veränderungen erleidet. Er fühlt sich z.B. erschöpft, erdrückt oder niedergeschlagen. Diese Gefühle machen den Menschen bewusst, dass etwas nicht in

[4] Synoptisches Denken siehe Dieterich, 2004, S. 21.

Ordnung ist, was wiederum Gefühle der Angst oder Ohnmacht auslösen kann. Wenn Spannungen sich nicht lösen, entsteht Stress. Stress beeinträchtigt und verändert die psychischen Funktionen des Wahrnehmens, Denkens, Fühlens und Wollens. Sie sind miteinander verbunden und beeinflussen sich gegenseitig (vgl. Glasl, 2008, S. 23). Das Pflegen destruktiver Gefühle wie Groll, Hass, Gier, Neid oder das „Nicht-verzeihen-können" hat ebenso negative Auswirkungen auf die Psyche wie auf die körperliche Gesundheit (vgl. ebd.).
Scheibel vertritt die Meinung, dass Krankheiten in einer Konfliktsituation benutzt werden können, um Zuwendung zu bekommen oder als Fluchtstrategie, um seine Ruhe zu haben (vgl. Scheibel, 2006, S. 262, 266). Wuketits erzählt von der Beobachtung eines Zoowächters, die er in einem Schimpansen-Gehege gemacht habe.

„Zwei Schimpansenmännchen waren immer wieder in Konflikt geraten. Das eine war dem anderen an Kraft unterlegen. Eines Tages humpelte das schwächere Männchen. Als es aber außer Sichtweise seines Rivalen war, ging es mit festem Schritte weiter. Er hatte seine Verletzung vorgetäuscht, um in Ruhe gelassen zu werden. In diesem Fall hat er sein Eigeninteresse verfolgt" (vgl. Wuketits, 2000, S. 198).

Wenn Stresssituationen ohne Ruhephasen über längere Zeit bestehen, kann es passieren, dass ein Mensch eine vorgetäuschte Behinderung oder eine körperliche Krankheit benutzt, um für eine Weile auszusteigen. Sein Stress verursacht Schmerzen, sodass er Hilfe beim Arzt sucht, denn er kann seine Proleme alleine nicht mehr meistern. Er braucht oft sogar Medikamente für sein Leiden, das als Alibi dient. So können die anderen sehen, dass er wirklich krank ist. Er holt sich vom Arzt sozusagen die Berechtigung, dass er für eine Zeit aussteigen darf (vgl. Glasl, 2004, S. 369). Diese Störungsentstehung wird als *„Komversion"* bezeichnet (vgl. Loew, 1998, S. 19). Hier zeigt sich, dass die Auswirkungen von Spannungzuständen in einer Konfliktsituation alle Aspekten des Lebens eines Menschen beeinträchtigen können.
Untersuchungen des Gehirns zeigen, dass bei der Aufnahme von Informationen verschiedene Bereiche angeregt und aktiviert werden. Die Physiologie des Gehirns verändert sich, je nachdem welche Mitteilungen den Sinnesorganen gegeben werden (vgl. Amen, 2010, S. 12).
Gefühle hinterlassen nachweisbare Spuren im Gehirn und unterstützen oder hemmen das familiäre und berufliche Beziehungsleben und die Empfindung von Schmerz und Wohlsein eines Menschen (vgl. ebd., S. 13).

Die neurologische Forschung erweist sich als Hilfestellung, um gezielt Lernprozesse anbieten zu können und damit neue neuronale Verbindungen zu ermöglichen. Verhaltensweisen, die Probleme verursachen, können erkannt und abgelegt werden (vgl. ebd., S. 16).

1) Auswirkungen auf die Psyche: Kognition, Emotion, Motivation

Während eines Konfliktes werden die Wahrnehmungsfähigkeiten verzerrt und enger. Es kommt zu einer selektiven Aufmerksamkeit, die sich auf das störende und ärgerliche Verhalten der Konfliktpartei konzentriert. Sie wird als bedrohlich angesehen, was dazu führt, nur das Negative des Gegeners zu sehen (vgl. Glasl, 1990, S. 34f).
Eine Einengung der Raumperspektive, bezeichnet als „Röhrenblick", macht sich bemerkbar. Es wird dabei immer schwieriger, mehrere Sachverhalte zu verstehen und aufzunehmen. Die Zeitperspektive wird kürzer. Es wird mühsam, in die Zukunft zu blicken, denn nur das „Heute" und das „Jetzt" hat Vorrang. Der Konfliktgegenstand und die Konfliktereignisse werden im „Schwarz-Weiß-Denken" wahrgenommen. Schuldige werden ausgemacht oder eine Gruppe wird als „gut", die andere als „böse" gekennzeichnet. Negative Muster, die beim Konfliktgegner bemerkt werden, erscheinen bei einem selbst weniger feindlich, werden verdrängt, entschuldigt oder bagatellisiert. So entsteht einerseits ein positives und faires Selbstbild, während der Gegner als Feind gesehen wird, dem Aggressivität, Unzuverlässigkeit, Sturheit, Unfairness und Arroganz zugeschrieben wird. Die Konfliktgegner nehmen sich zunehmend in diesem „Gut-Böse Schema" wahr (vgl. ebd.).

Beeinträchtigung der Kognition

In Konflikten tritt vermehrt eine Beeinträchtigung der sinnlichen Wahrnehmungsfähigkeit auf, wodurch die am Konflikt beteiligten Personen zu unterschiedlichen Bildern der Wirklichkeit kommen. Die Vergrößerung der Wahrnehmungsunterschiede verstärkt den Ärger und die Konfliktparteien geraten unter verstärkten Stress. Stress ist in der Biologie als lebensnotwendige Reaktion des Körpers auf Reize bekannt, der zum Beispiel in Folge von Umwelteinflüssen, seelischen oder körperlichen Belastungen auftreten kann. Laut Seyle kann Stress nicht vermieden werden, da er als biologische Reaktion verstanden wird (vgl. Mietzel, 1994, S. 357). Kognitive Veränderungen zeigen sich im Gehirn im präfrontalen Cortex. Dieser befasst sich mit der Konzentration, der Aufmerksamkeitsspanne, dem Urteilsvermögen, der Impulskontrolle und dem kritischen Denken. Er steuert die Fähigkeit, Situationen zu überblicken, Gedanken zu ordnen, Vorhaben zu planen und Pläne auszuführen. Dort werden rationale Entscheidungen, die mit emotionalen Informationen abgeglichen werden, getroffen (vgl. Amen, 2010, S. 207). Stressfaktoren hemmen die komplexen Vorgänge und daraus resultieren Denkblockaden. Die Aufmerksamkeit wird durch den Sauerstoffmangel beeinträchtigt und wird selektiv, manche Dinge werden schärfer und andere gar nicht gesehen. Das Denken des Menschen wird stark behindert und er wird für Manipulationen anfällig. Das kann zu Fehlentscheidungen oder zur Entscheidungsunfähigkeit führen (vgl. de Bono, 2001, S. 33).

Beeinträchtigung der Emotionen

In Konflikten tritt eine erhöhte Empfindlichkeit auf, die Misstrauen auslöst. Die Kontrahenten fragen sich, ob der Gegner nicht etwas Böses vorhat oder ob er sie hereinlegen will. Das Gefühlsleben befindet sich in starker Bewegung, es gibt ein stetiges Auf-und-Ab (vgl. Glasl, 2008, S. 28).

Der Begriff „Emotion" geht auf die lateinischen Wörter „ex"(aus, heraus) und *„movere"* (bewegen) zurück und bedeutet „Bewegung nach außen" (vgl. Schwartz, 2008, S. 36).

Die " inneren" Gefühle werden außen sichtbar, es gibt also eine Bewegung von innen nach außen. Ob Ziele oder Wünsche eines Menschen erfüllt oder blockiert werden, zeigt sich nämlich an der Mimik, der Gestik und/oder dem Verhalten (vgl. ebd., S. 35). Forscher haben festgestellt, dass Emotionen eine große Rolle in der sprachlichen Kommunikation spielen. Die Angst, der Auseinandersetzung nicht gewachsen zu sein, kann dazu führen, dass die beteiligten Personen ihre Gefühle abkapseln und sich innerlich isolieren. Dadurch wird der Zugang zum Gegenüber kaum noch möglich (vgl. Glasl, 2008, S. 29).

Das Empfinden von Wut, Ärger und Hass drückt sich in unvollständigen Sätzen, kurzen Vokalen, hoher Lautstärke und dem Fehlen des Satzendes aus. Traurigkeit bewirkt eine niedrige Lautstärke und eine langsame Sprechgeschwindigkeit (vgl. Kaindl, 2005, S. 35).

Beeinträchtigung der Motivation

Im Bereich der Motivation kommt es zu Einseitigkeit und Erstarrung. Die Kontrahenten sehen nur noch wenige Alternativen für die Befriedigung ihrer Bedürfnisse. Durch Enttäuschungen versteifen sich die Parteien auf einige wenige Ziele. Wenn negative Rahmenbedingungen oder Hindernisse Stress auslösen, wird viel weniger Energie eingesetzt, um eine Leistung zu erreichen. Ein Mangel an Motivation vermindert die Leistungsfähigkeit und Konzentration (vgl. Glasl. 1990, S. 34ff.). Die Fokussierung auf komplizierte Situationen oder auf Probleme generiert Ärger und Sorgen, was zu noch mehr Stress und einer weiteren Eskalation führt. Die Konfliktparteien werden von den Emotionen überwältigt und lassen sich von zerstörerischen Kräften mitreißen. Die Wahrnehmung/die Kognition, die Emotionen und die Motivation, die eng miteinander verbunden sind, werden in ihrer negativen Wirkung durch gegenseitige Ansteckung verstärkt (vgl. Glasl, 2008, S. 31).

2) Auswirkungen auf Soma

Körperliche Beschwerden, für die sich keine organische Ursache finden lassen, treten im Laufe einer Konfliktsituation häufig auf und können an intra- und interpersonellen Problemen liegen. Personen, die Schwierigkeiten haben Gedanken und Gefühle auszudrücken, sind anfälliger für somatische Leiden. Durch die Beschwerden, die als stressig erlebt werden, fühlen sich die Betroffenen in ihren Alltagsbeschäftigungen und ihrer zwischenmenschlichen Kommunikation beeinträchtigt (vgl. Loew, 1998, S. 32).
Bei einer Stresssituation stößt der Organismus mehr Adrenalin und Cortisol aus als üblich. Diese Stresshormone bringen den Körper in Alarmbereitschaft und verursachen eine Steigerung der Pulsfrequenz und des Blutdrucks. Deshalb merkt der Betroffene als Folge körperliche Reaktionen und Veränderungen, wie z.B. feuchte Hände, Druck auf den Magen und flache und schnelle Atmung (vgl. Pöhlmann/Roethe, 2004, S. 7).
In Stresssituationen wird der sympathische Anteil des autonomen Nervensystems aktiviert, der den körperlichen Prozess beschleunigt, weil der Mensch in dieser Situation viel Energie benötigt, um entweder zu kämpfen oder zu fliehen (vgl. Mietzel, 1994, S. 331). Nach der Überwindung der unsicheren Situation lassen die körperlichen Reaktionen nach und normalisieren sich (vgl. ebd., S. 335).
Das parasympathische System steuert wieder die Aktivität der Hormone und der Körper kann erneut in die Homöostase kommen und Energiereserven anlegen (vgl. ebd., S. 335).
Langandauernde Reize durch seelische Konflikte bedeuten eine Belastung des Organismus.
Somatische Veränderungen, wie Verspannungen der Muskulatur, Verkrampfungen oder Fehlsteuerungen an inneren Organen, verursachen Schmerzen, die den Allgemeinzustand verschlechtern (vgl. Loew, 1998, S. 18).

3) Auswirkungen auf Pneuma

Paul Tournier[5] erklärt in seinem Buch „Médecine de la personne“ wie Konflikte im Leben eines Menschen Einfluss auf den Glauben haben. Er vertritt die Meinung, dass Menschen, die mit Problemen wie Ärger, Neid, Nervosität, Angst und Selbstmitleid belastet sind, nicht nur somatische Beschwerden entwickeln, sondern auch unter einer geistlichen Unruhe leiden (vgl. Tournier, 1941, S. 136ff). Viele seiner Patienten erzählten, dass ihr Gesundheitszustand (körperlich wie spirituell) durch die Konflikte stark negativ beeinflusst wurde. Sie nahmen sich als hilflose Opfer wahr und waren nicht in der Lage, das Ereignis und seine Ursache zu bewältigen. Menschen, die in einem übernommenen Glauben lebten, neigten zu einer unsicheren Beziehung zu Gott, die mit Angst vor Strafe behaftet war. Menschen, die einen bewussten Glauben praktizierten, verfügten dagegen über mehr Bewältigungsstrategien (vgl. ebd., S. 82ff).

Aufgrund seiner Untersuchungen zog Tournier die Schlussfolgerung, dass körperliche Krankheiten, geistige Störungen und geistliche Zweifel oft im Zusammenhang stehen. Krankheiten sind also nicht nur körperlich oder psychisch bedingt, auch das veränderte Gottesbild des Patienten kann zur Erkrankung beigetragen und das Leiden verstärkt haben. Somit ist auch ein geistlicher Aspekt bei der Konfliktbewältigung vorhanden, der beachtet werden sollte.

1.3.1 Unterschiedliche Beschreibungen von „Seele“, „Körper“ und „Geist“

Jeder Mensch hat eine bestimmte Vorstellung von der „Seele“, wenn auch nicht unbedingt aus einer bewussten Reflexion heraus. Zu allen Zeiten haben sich Menschen Gedanken über die Begriffe „Geist“ und „Seele“ gemacht.

Während Aritoteles gleichzeitig eine Naturseele, eine Tierseele und eine menschliche Seele im Menschen vermutete, glaubte Platon an eine Dreiteilung des Menschen, wobei der Kopf eines Menschen einen Philosophen darstellt, der das Symbol für das Denken und Planen ist, die Brust für einen Krieger (Tapferkeit) steht und der Unterleib stellvertretend für den Bauern genommen wird, der die Arbeit symbolisiert (vgl. Dieterich, 2004, S. 33).

---

[5] Paul Tournier (1898-1986) Schweizer Arzt, Psychotherapeut und Autor. Er war ein Pionier und Visionär eines integrativen Ansatzes für Medizin, Psychotherapie und Seelsorge (vgl. Tournier, 1941, S. VII).

Die Vertreter des Monismus (Crick und Churchland) führen dagegen das gesamte menschliche Empfinden und Verhalten auf das Funktionieren der Gehirnzellen zurück: Alles ist Körper, alles ergibt sich aus dem Zusammenspiel der Neuronen (vgl. ebd., S. 33).
Descartes postulierte mit dem berühmten Satz: „Je pense, donc je suis" (Ich denke, also bin ich) einen Dualismus, eine zweigeteilte Welt: die Welt des Leibes und die Welt der Seele. Leib und Seele stehen einander gegenüber und haben verschiedene Eigenschaften. Laut Descartes können sie nicht aufeinander einwirken (vgl. Meyer/Seibert/Wendelberger, 1970, S.1468).
Bei anderen Philosophen wie ist zwar von einer Trichotomie die Rede (Geist, Seele und Leib), aber sie wurden getrennt voneinander betrachtetet. Ihre unterschiedlichen Funktionen wurden nicht in Abhängigkeit zueinander erfasst (vgl. Dieterich, 2004, S. 31).
Dies ändert sich bei Eccles und Popper[6] und ihrer „Drei-Welten Lehre", die sich an die Ideen Descartes anlehnt. Sie beschreiben einen Trialismus, bei dem drei Welten eigenständig existieren, miteinander in Kontakt stehen ohne voneinander abhängig zu sein (vgl. ebd., S. 32).
Die erste Welt ist die physische Welt; dazu gehören materielle Objekte wie Berge und Häuser, aber auch die gesamte Medizin, die sich um den Körper kümmert. Die zweite Welt beinhaltet den psychischen Zustand, d.h. das Bewusstsein, Gedanken, Gefühle und Empfindungen. Zur dritten Welt gehören Gedanken und alles, was unsterblich ist, z.B. mathematische Sätze, Primzahlen etc (vgl. ebd., und 2001, S. 92).
Als Erweiterung postuliert Dieterich eine vierte Welt, die religiös-spirituelle Welt, von der im Neuen Testament[7] die Rede ist (vgl. Dieterich, 2001, S. 91 und S. 96). Die vierte Welt steht für die Existenz der unsichtbaren Wirklichkeit, zu der Gott und Satan[8] gehören (vgl. Dieterich, 2004, S. 47). Das Konzept der vier Welten inspirierte Dieterich zu seinem holistischen Konzept, bei dem der Mensch in seiner Ganzheit betrachtet wird.

---

[6] John Eccles (1903-1997) war ein australischer Physiologe und Nobelpreisträger für Medizin und Physiologie. Sir Karl Popper (1902-1994) war Vertreter der Drei-Welten-Lehre. Er war ein der Begründer des kritischen Rationalismus.

[7] 1. Kor. 2,14; Röm. 8, 16; Heb. 11,3.

[8] Hebräer Brief 11,3.

[9] Im AT – und besonders in den Psalmen – werden Begriffe wie Herz, Seele, Fleisch, Geist, Ohr, Mund, Hand und Arm nicht selten austauschbar gebraucht (vgl. Wolff, 1984, S. 22).

Sein holistischer Ansatz lehnt sich an das Anthropologieverständnis von Wolff an (1984)[9]. Der Ansatz basiert auf einem biblischen Menschenbild, das mit dem Wort „Nefesh“ erklärt werden kann. Dieser hebräische Begriff („Nefesh“) betont, dass der Mensch eine Seele ist und nicht eine Seele hat. Er ist ein lebendiges, bedürftiges Wesen (vgl. Dieterich, 2001, S. 134 zitiert Wolff).
In Genesis 2,7 wird berichtet, dass Gott den Menschen aus dem Staub des Erdboden schuf, seinen Odem in ihn gehaucht hat und aus dieser Verbindung eine lebendige Seele wurde (vgl. Dieterich, 2001, S. 134).
Der Mensch wurde also als Leib, Seele und Geist ganzheitlich geschaffen[10] (vgl. Dieterich, 2000, S. 34). Seine Existenz wird verstanden in der Interaktion von Psyche (Kognition, Emotion und Motivation), Soma (Körper) und Pneuma (Glaube, Spiritualität). Diese drei Aspekte stehen in Verbindung zu einander und werden nur aus didaktischen Gründen getrennt betrachtet (vgl. Dieterich, 2001, S. 136).
Hierzu eine Veranschaulichung der Teilaspekte

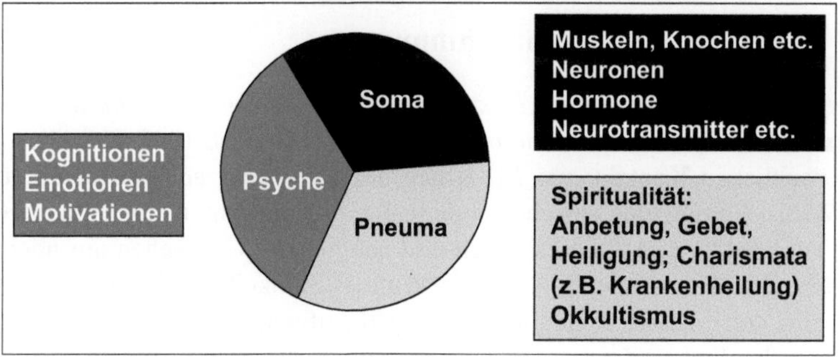

Abbildung 5: Aspekte des Wesens Mensch nach Dieterich

Die Aspekte Psyche und Soma können auf empirisch-naturwissenschaftlichem und hermeneutisch-geisteswissenschaftlichem Weg untersucht werden. Durch Fragebögen, Beobachtungen, Gespräche und Tests wird das Verhalten/Erleben eines Menschen in der Psychologie untersucht, gedeutet, beschrieben und verglichen (vgl. Dieterich, 2010, S. 38f).

[10] Die Bibel: 1. Thessaloniker 5,23

Im Unterschied dazu ist der spirituelle Aspekt des Menschen mit wissenschaftstheoretischem Vorgehen nicht messbar, er gehört zur Welt 4 an. Denn weder Empirie noch Hermeneutik sind an dieser Stelle angemessene Wissenschaftsmethoden (vgl. Dieterich, 2009, S. 123ff), da der Aspekt „Pneuma" in den Bereich der Transzendenz gehört. Auswirkungen durch den Glauben können nicht kausal zurückverfolgt oder erklärt werden, lassen sich aber durch Änderungen im Verhalten, Denken und Handeln bemerken (vgl. Dieterich, 2001, S. 136).

Fazit

Ein ganzheitlicher Ansatz erweist sich als wichtige Orientierungshilfe für die Begleitung während einer Mediation. Für eine zielgerichtete Intervention ist es hilfreich, die drei Aspekte einerseits getrennt zu betrachten, aber sie andererseits auch als eine Einheit. In Konfliktsituationen wird ein Zustand anders wahrgenommen und interpretiert.

1.4 Wahrnehmung

„Unter Wahrnehmung versteht man, jene Prozesse, die eintreffende Informationen von den Sinnesorganen auswählen, ordnen und interpretieren." (Mietzel, 1996, S. 143).
Im zwischenmenschlichen Kontakt, wo Menschen am Leben des anderen beteiligt sind, spielt die Wahrnehmung eine entscheidende Rolle. In Konfliktsituationen neigen die Betroffenen zur selektiven Aufmerksamkeit und nehmen das Geschehen nur noch sehr einseitig wahr. Die Wahrnehmung ist mit der Aufmerksamkeit eng verknüpft und ihre Funktionen sind voneinander abhängig. Der Begriff Aufmerksamkeit wird in einer Vielzahl von unterschiedlichen Zusammenhängen verwendet. Es sind Ereignisse, die das Gewohnte übertreffen, die Aufmerksamkeit erregen. Das kann die Wahrnehmung sein, dass sich ein Schnürsenkel gelöst hat oder ein sehr lautes oder ganz leises Geräusch, welches die Aufmerksamkeit auf sich lenkt (vgl. Weidner/Fink, 2013, S. 302). Die Aufmerksamkeit fokussiert sich also auf das, was gerade die Sinne erregt und bewirkt die Aktivierung neuronaler Strukturen, die für die Verarbeitung des Wahrgenommenen zuständig sind (vgl. Spitzer, 2002, S. 146). Bestimmte Informationen werden dann selektiert, da die Kapazität des Wahrnehmungssystems begrenzt ist. Große Datenmengen überfluten das Gehirn und der Hippocampus wählt dann aus der Fülle nur interessante und sinnvolle Informationen aus (Tatsachen und Ereignisse), die gespeichert werden. Aus dieser Flut von Sinneseindrücken setzt das Gehirn eine und

manchmal mehrere mögliche Repräsentationen der Wirklichkeit zusammen (vgl. ebd., S. 35). Jeder Mensch nimmt die Informationen, je nach vorheriger Lernprozesse und persönlicher Erfahrungen, unterschiedlich wahr. Sie werden ins Gehirn zur weiteren Verarbeitung transportiert und mit Bedeutung versehen (vgl. ebd.).
In den gestaltpsychologischen Theorien, deren Leitsatz „das Ganze ist mehr als die Summe seiner Teile“ ist, wird eine ganzheitliche Betrachtung der Wahrnehmung betont. Der Prozess der Wahrnehmung kann nur verstanden werden, wenn das Ganze und nicht nur Teilprozesse betrachtet wird. Wenn der Mensch einzelne Teile eines Objektes wahrnimmt, werden fehlende Teile dazu organisiert und es wird als ganze Gestalt gesehen (vgl. ebd.). Der virtuelle Würfel von Bradley & Petry, illustriert dies deutlich. Die weißen Linien erscheinen durchgängig und ein Würfel wird gesehen.

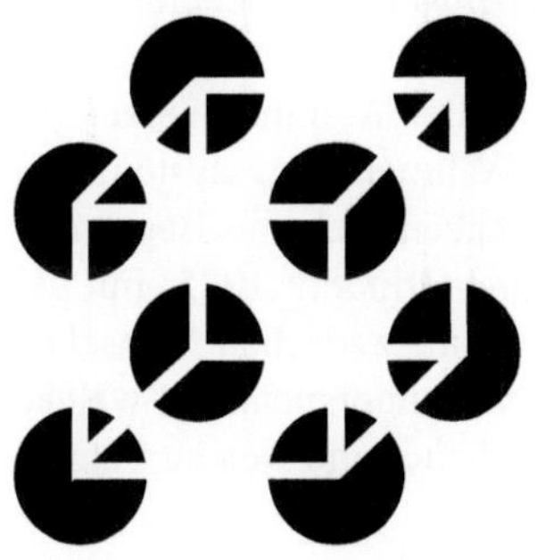

Abbildung 6: Virtueller Würfel Bradley & Petry.

Der angeborene Organisationsprozess befähigt den Menschen mit Informationen umzugehen, sie zu verändern oder zu vervollständigen (vgl. Dieterich, 2000, S. 116). Z.B. werden sinnvolle Sätze gelesen, auch wenn ein Text lückenhaft ist:
„W e k mmt es, dass s e di sen S tz l sen kön n?“
„Nach eienr Stidue der Uinverstiaet Cmabridge ist es eagl, in wlehcer Reiehnfogle die Bchustebaen in Woeretrn vokrmomen.“ (www.wissenschaft.de – Bekömmlicher Buchstabensalat).
Der Leser liest nicht genau das, was hier steht, sondern interpretiert und füllt die Lücken automatisch aus (vgl. ebd.). Diese Organisationsleistung befähigt den Einzelnen sich an seine Umwelt anzupassen und sich über die Eigenschaften der Umwelt zu informieren, die für das Überleben wichtig sind. Die Wahrnehmung hilft den Menschen

in der Umwelt angemessen zu agieren (vgl. Mietzel, 1996, S. 141).
Während des Mediationsprozesses werden die Wahrnehmungsmuster der Medianten beobachtet und ihre ausgesandten Botschaften berücksichtigt, um herauszufinden welche Einflussfaktoren zu ihren Aussagen führen und ihnen zugrunde liegen. Dies wird erst deutlich, wenn ein Mensch sich über seine Empfindungen äußert. Diese sind geprägt durch seine ganz persönlichen Lebenserfahrungen und Interpretationen. Lebensstil- und Skriptanalysen helfen, um die Wahrnehmung einer Person zu verstehen (vgl. Dieterich, 2010, S. 41). Weitere Arten der Ermittlung der Selbst- und Fremdwahrnehmung sind sowohl Testverfahren, die zu wissenschaftlichen Ergebnissen führen, als auch vorstandardisierte Fragebögen. Dazu gehört auch die Beobachtung der Körpersprache (vgl. ebd.). Die Ergebnisse bisheriger Untersuchungen bestätigen, dass sich jeder Mensch von anderen in seiner Wahrnehmung der Außenwelt unterscheidet (vgl. ebd.).

Die Art Entscheidungen zu treffen, variiert je nach individueller Wahlmöglichkeit eines Menschen (vgl. Seidl, 2011, S. 9). Um genauer das Wahrnehmungssystem und Kommunikationspotential eines Menschen zu verstehen, haben sich die Begründer des Neurolinguistischen Programmieren (NLP,[11] Bandler und Grinder[12],1975) mit der Frage beschäftigt, wie die Kommunikation und das Verständnis zwischen Menschen verändert und verbessert werden können (vgl. ebd., S. 8). NLP untersucht, auf welche Weise das menschliche Gehirn Impulse der Außenwelt verarbeitet und welche Sinnesreize es wahrnimmt, bewertet und verknüpft (vgl. ebd.).

Die Informationen, Eindrücke, Meinungen und Gefühle, die jeder gelernt hat, konstruieren seine Wirklichkeit. Das Abbild der Wirklichkeit ist in der inneren, geistigen Landkarte gelagert, wo auch die Sinneseindrücke gespeichert werden (vgl. ebd., S. 17). Die Menschen richten ihr Handeln danach aus. Ein Beispiel:

[11] NLP: „N" steht für „Neuro". Über die 5 Sinne ist die Wahrnehmung im Gehirn repräsentiert. „L" steht für Linguistisch: Visuelle-, auditive, kinästhetische, olfaktorische- und gustatorische Sinne werden in Sprache übertrage. „P" steht für Programmieren: Das Nervensystem und die übertragenen Bewertungen in die Sprache beeinflussen sich gegenseitig. Diese Wechselwirkung programmiert die individuellen Konzepte und Muster (vgl. Seidl, 2011, S. 10-12).

[12] Bandler (*1950) und Grinder (*1939) Professor der Linguistik analysierten das Kommunikationsverhalten von Fritz Perls, Virginia Satir und Milton. H. Erickson. Sie stellten ähnliche, herausragende Fähigkeiten fest und nahmen dieser drei Personen als Modell. NLP verbindet viele Einflüsse, z.B. die Systemtheorie von Bateson und die Kommunikationstheorie von Watzlawick (vgl. Seidl, 2011, S. 12).

Herr Keller hat deutliches Übergewicht. Schon als Kind haben ihn seine Eltern mit Süßigkeiten getröstet. Immer wenn er unter Druckt gerät, greift er zu Schokolade – Seine geistige Landkarte zeigt diesen Weg aus einer Stresssituation (vgl. ebd., S. 18).
Will er seine Landkarte verändern, muss er sich dazu Handlungsalternativen schaffen, indem er zwischen unterschiedlichen Möglichkeiten wählt: In Stresssituationen kann er auf Bewegungs- oder Entspannungsübungen setzen. Er wird das anwenden, was ihm den größten Nutzen bringt (vgl. ebd.).
Veränderungen bewirken, dass neue Informationen durch die Sinneskanäle ins Gehirn gelangen. Es bewertet sie, vergleicht sie mit früheren Erfahrungen, verknüpft sie mit vorhandenen Inhalten. Die Repräsentation von Konzepten, Modellen, Gefühlen und Überzeugungen im Gehirn bildet die Grundlage des Denkens (vgl. ebd., S. 24). Die Vorstellungen, die ein Mensch sich von sich selbst und von der Welt macht, werden durch seine Art der Wahrnehmung und durch seinen bevorzugten Sinneskanal geprägt (vgl. ebd., S. 26):

> „Seh-Menschen" (visuelle) formulieren wie folgt: „Es ging mir ein Licht auf". „Die Lösung kann ich mir nicht vorstellen."
> „Hör-Menschen" (auditive) sagen: „Das klingt wie Musik in meinen Ohren". „Das Thema sprach mich nicht an."
> „Fühl-Menschen" (kinästhetische) erläutern: „Das fühlt sich gut an, bzw. nicht gut an.".
> Die Formulierung von „Schmeck- und Riech-Menschen" (gustatorische/olfaktorische) basiert auf Geschmack und Geruch: „Es riecht nach Arbeit." oder „Ich bin auf den Geschmack gekommen." (vgl. ebd., S. 28).

Bei der Wahrnehmung werden alle Sinnesorgane aktiviert und nehmen sowohl die erlebten positiven sowie die negativen Erfahrungen auf und verankern sie fest im Gehirn. Deshalb ist es nicht einfach, negative Erfahrungen zu löschen. Sie können aber relativiert, unterdrückt oder umgedeutet werden (vgl. Mohl, 2000, S. 53). Alle Erfahrungen zusammen bilden das Selbstkonzept. Durch und mit jeder Erfahrung ändern sich Menschen im negativen wie im positiven Sinn (vgl. ebd., S.71). Das Selbstkonzept hat große Bedeutung im Sozial- und Leistungsverhalten und für das Selbstbewusstsein, das Selbstwertgefühl und die Selbstbehauptung. Ein verzerrtes, festgelegtes Selbstkonzept im Sinne einer positiven Veränderung umzustellen, ist für die Betroffenen ein anstrengender Prozess und erfordert viel Übung (vgl. Pallasch, 1991, S. 74).

Um eine positive Veränderung zu erreichen, ist es unerlässlich für den Mediator, die verschiedenen Aspekte, die in der individuellen Entwicklung eines Menschen eine Rolle spielen, zu erforschen und zu berücksichtigen.
Diese Aspekte stehen im Zusammenhang mit unterschiedlichen Faktoren (Anlage, Umwelt und Motivation), die nach der Beschreibung Dieterichs zusammenwirken. Er hat Erkenntnisse aus Medizin, Gehirnforschung, Pädagogik, Theologie und Ansätze verschiedener therapeutischer Schulen in einer Formel zusammengeführt (vgl. Dieterich, 2009, S. 43-44). Der Entwicklungsstand eines Menschen wird bedingt durch:

Entwicklungsstand (E) ~ *Anlage* (A) * *Umwelt* (U) * *Motivation* (M)

Oder in etwas detaillierterer Ausführung:

E~A (***G***+***B***+***Sch***+***Sp***) * U (***So***+***Pe***+***En***+***Sch***+***Sp***) *M (***W***+***Sch***+***Sp***)

- Die *Anlage* besteht aus der ***g***enetischen Prädisposition und ***b***iologischen Einflüssen (Ernährung, Medikamente), aleatorischen Entwicklungsmomenten (***Sch***icksal) sowie ***sp***irituell bedingten Änderungen der Anlage (heilendes Wirken Gottes).
- Zu den *Umwelteinflüssen* gehören. die subjektive ***So***zialisation, die ***Pe***rsonalisation, die ***En***kulturation, die ***sch***icksalhaften Umstände und die ***Sp***iritualisation.
- Die eigene *Motivation* entsteht aus den Faktoren ***W***ille, ***sch***icksalhafte Umstände und ***sp***irituelle Einflüsse.

Alle genannten Elemente beeinflussen das individuelle Verhalten, die Selbst- und Fremdwahrnehmung. Diese drei Faktoren können dann durch Lernprozesse verändert werden (vgl. ebd.).
Die Selbst- und Fremdwahrnehmung übernimmt in der Entfaltung einer Person eine wichtige Rolle. Wenn Menschen sich treffen, machen sie sich voneinander ein Bild. Es läuft spontan ab, ohne Einschaltung des Verstandes. Es geschieht also ohne bewusste Entscheidungen und ohne sorgfältige Beobachtung und Auswertung (vgl. Loeber, 1995, S.187).
Aspekte der Selbst- und Fremdwahrnehmung werden im „Johari-Fenster-Modell“ in vier unterschiedlichen Bereichen dargestellt. Es ist nach den Sozialpsychologen Joseph

(Jo) und Harry (Hari) Ingham benannt und bietet eine Hilfestellung, die Prägungen der Selbst- und Fremdwahrnehmung zu verstehen (vgl. ebd.).

	Mir bekannt	**Mir unbekannt**
Anderen bekannt	Freies Handeln Dieser Teil ist der öffentliche Bereich, der allen und einem selbst bekannt ist.	Blinder Fleck Dieser Bereich ist der Teil, den man selber nicht wahrnimmt, die anderen aber sehr deutlich.
Anderen unbekannt	Verborgenes In diesem Teil findet man die Sachen, die man selbst vor den anderen im Verborgenen lässt.	Unbewusstes Dieser Teil ist weder einem selbst noch den anderen zugänglich.

Abbildung 7: „Johari Fenster“

Der Bereich **„freies Handeln“** ist allen bekannt. Das Verhalten ist transparent für die Person selber und für die anderen Mitglieder einer Gruppe (vgl. Dieterich, 2010, S. 14).
Der Bereich **„blinder Fleck“** wird von der Person selber nicht wahrgenommen, alle anderen nehmen diesen Bereich jedoch deutlich wahr. Unbewusste Gewohnheiten, Verhaltensweisen, Zu- und Abneigungen gehören dazu. Durch Feedback können andere dabei helfen den „Blinden Fleck“ zu verkleinern (vgl. ebd., S. 15).
Der Bereich **„Verborgenes“** umfasst den Bereich, den wir bewusst verbergen wollen. Denken, Handeln, Fühlen, Glauben und „empfindliche Stellen“ wie „heimliche Wünsche“ gehören zur „privaten Person“. Nur bei großem Vertrauen und einem Gefühl der Sicherheit zu dem anderen, kann dieser Bereich unter der Schweigepflicht angesprochen werden, um Lösungen gemeinsam zu suchen (vgl. ebd.).
Der Bereich **„Unbewusstes“** ist für keinen zugänglich. Er ist weder der betroffenen Person noch den anderen bekannt. Durch Psychoanalyse oder Psychotherapie können Inhalte dieses Bereiches offenbar werden (vgl. ebd.).
Das *„Johari-Fenster“* hilft, die Balance zwischen den Ansprüchen des einzelnen und den Erwartungen anderer zu finden. Es soll zur Klärung des Selbst- und Fremdbildes dienen und Bereiche des „blinden Flecks“ und des „Unbewussten“ offenlegen (vgl. Loeber, 1995, S. 188). Eine Reflexion über Projektion, Übertragung und Gegenüber-

tragung unterstützt das Umdenken und macht frei für das Lernen von neuen Strukturen. Supervisions- bzw. Intervisionsgruppen bieten dafür hilfreiche Angebote (vgl. Dieterich, 2010, S. 17).
Bei jeden Zusammentreffen von Menschen, begegnen sich Geschöpfe voller Unterschiedlichkeit. Dabei ist der andere oft nicht so, wie man es sich wünscht, sondern auf seine ganz besondere Art „anders". Vor Gott sind alle Menschen einzigartig und gleichwertig, keiner ist „besser" oder „schlechter" und alle werden gleich geliebt (vgl. Mattioli, 2007, S. 22). Diese biblische Erkenntnis der Gleichwertigkeit ist eine Hilfestellung, wenn es darum geht, den Menschen in seiner Einzigartigkeit zu akzeptieren, zu respektieren und in seinem Veränderungsprozess zu helfen (vgl. Mohl, 2000, S. 85).

1.5 Kommunikation

Der Mediator berücksichtigt nicht nur die Wahrnehmung der Medianten, sondern ebenso die Kommunikation zwischen den beteiligten Personen.
Laut Duss-von Werdt können Menschen ohne einen anderen nicht kommunizieren und in ihrer Abwesenheit können sie sich auch nicht streiten (vgl. Duss-von Werdt, 2008, S.110).
In der Enzyklopädie 2000 wird der Begriff „Kommunikation" wie folgt definiert: *„Kommunikation bedeutet Mitteilung, Verständigung, den Austausch von Informationen. Sie erfolgt in erster Linie durch Übermittlung von Sprachzeichen. Der Kommunikationsvorgang verbindet zwei oder mehrere Kommunikanten untereinander. [...] Kommunikation ist eine soziale Funktion, die sowohl den engeren, individuellen als auch den größeren, gesellschaftlichen Bereich umfasst und grundlegende Bedeutung für alle organisatorischen Aufgaben besitzt."* (vgl. Seibert/Wendelberger, 1970, S. 2902).
Es bedarf etlicher Anstrengungen, kommunikative Fähigkeiten zu entwickeln. In der Kommunikation geht es nicht nur darum, dass eine Person eine Botschaft an eine andere sendet und dieser empfängt, sondern dass der Empfänger reagiert und selber zum Sender wird. Sender und Empfänger treten in eine Interaktion (vgl. Schulz von Thun, 1994, S. 82).
Die Kommunikation beinhaltet die verbale wie die non-verbale Sprache. Sie ist also mehr als nur Wort, denn das Gesichts- und Körperverhalten drückt Gefühle aus. Nonverbale Zeichen lassen Zustimmung oder Ablehnung erkennen. In der Gesichtsmimik, z.B. Augenbrauen hochziehen, Nase rümpfen, Mundwinkel verziehen, werden Zeichen

von Unverständnis, Ablehnung oder Zweifel erkannt. Nicken und Lächeln werden als positive Zeichen wahrgenommen. Ebenso vermittelt auch die Körperhaltung Botschaften. Wenn die Schultern hängen gelassen werden, deutet dies auf Trauer oder Ratlosigkeit hin. Eine Einladung liegt vor, wenn die Arme ausgebreitet sind. Die Gestik von verschränkten Armen drückt Zweideutigkeit, Ge lassenheit oder Abwehr aus. Dies kann auch durch Tränen ausgedrückt werden, welche ebenso Trauer oder Freude widerspiegeln können (vgl. Fischer/Reitemeier, 2008, S. 26).
Die gesprochene Sprache hat sich, je nach dem sozialen Umfeld (in welcher Umgebung ein Mensch aufgewachsen ist) entwickelt. Die Zugehörigkeit zu einer sozialen Schicht, Altersklasse, einem Freundeskreis und einer beruflichen Gruppe beeinflusst die Sprache. Weitere Faktoren wie Geschlecht und Generationsunterschied prägen die Kommunikation und können leicht zu Missverständnissen führen (vgl. ebd., S. 27).
Die Kommunikationsschwierigkeiten sind von Fisher, Ury und Patton drei Hauptproblemen zugeordnet worden (vgl. Fisher/Ury/Patton, 2004, S. 63):

Problem 1: Häufig sprechen Verhandlungspartner aneinander vorbei, sie reden miteinander, aber verstehen sich nicht.
Problem 2: Die Verhandlungspartner hören nicht genau zu.
Problem 3: Sachliche Aussagen können zu Missverständnissen führen, wenn sie als Angriff auf die Person verstanden werden (vgl. ebd.).

Um dem zu entgehen, empfiehlt Fisher, detailliert nachzufragen, bis die wahren Interessen im Kern verstanden worden sind (vgl. ebd.). Ein klassisches Beispiel ist der vielmals zitierte «Orangenkonflikt» (vgl. Dulabaum, 2003, S. 47, 48):

Zwei Schwestern streiten sich über eine Orange, die sie beide haben wollen. Was nun? Eine nimmt nun ihre Hälfte, isst das Fruchtfleisch und wirft die Schale weg. Die andere wirft stattdessen das Innere weg und benutzt die Schale, weil sie damit einen Kuchen backen will. Hätten sie sich vorher darüber ausgetauscht, welche Ziele sie verfolgen und was sie eigentlich mit der Orange vorhaben, wäre es möglich gewesen, anders aufzuteilen. Eine wäre total zufrieden mit dem Fruchtfleisch und die andere hätte sich über die ganze Schale gefreut.

Fisher, Ury und Patton betonen (vgl. das Harvard Konzept, siehe Kapitel 2, S. 54), dass zwischen Interesse und Position zu unterscheiden ist. Zu den Interessen (Bedürfnissen) gehören Wünsche, Sorgen, Nöte und Gefühle, wie Angst, Wut oder Ärger, die alle das Problem beeinflussen. „Warum-Fragen“ machen die unterschiedlichen Interessen be-

wusst (vgl. Fisher/Ury/Patton, 2004, S. 72). Konfliktparteien verteidigen grundsätzlich ihre Positionen (jeder denkt, er hat das Recht etwas Bestimmtes zu verlangen) von denen sie zutiefst überzeugt sind und argumentieren gegeneinander. Deshalb erweist es sich oft als schwierig, die dahinter stehenden Interessen herauszufinden und zu formulieren (vgl. ebd., S. 76).
Ein weiteres Problem bei der Kommunikation sind Ratschläge, die aus gewohnten und automatisierten Reaktionen heraus erteilt werden. Solche Ratschläge können Blockaden auslösen.
In einer Auflistung von Holley Humphrey werden viele Beispiele für Formulierungen genannt.

> „Ich finde du solltest einfach…"
> eins draufsetzen: „Das ist doch gar nichts, pass mal auf was mir passiert ist …"
> belehren: „Das kann sich in eine ganz positive Erfahrung verwandeln, wenn du…"
> trösten: „Da kannst Du doch gar nichts dafür…"
> Geschichten erzählen: „Das erinnert mich an…"
> bagatellisieren: „Das ist doch nicht so wild, das wird schon wieder!"
> Floskeln verwenden: „Morgen sieht die Welt schon wieder ganz anders aus."
> Mitleid äußern: „Ach, du Ärmste…"
> verhören: „Wann hat das denn angefangen?"
> erklären: „Ich hätte ja angerufen, aber…"
> verbessern: „Das war doch gar nicht so..." (vgl. ebd., S. 114).

Eine Illustration über die verschiedenen Kommunikations- und damit auch Konfliktebenen bietet das in der Literatur bekannte „Eisberg-Modell" von Besemer (1995). Dieses klassische Modell zeigt die Teile eines Eisbergs. An der Oberfläche ist nur der für alle von außen sichtbare Teil des Verhaltens zu sehen (vgl. Dulabaum, 2003, S. 81, 82 und Schäffer, 2004, S. 160). Freud nennt ihn das „Bewusste". Die treibende Kraft aber, die ein Individuum zu einem bestimmten Verhalten in einer bestimmte Situation bringt, gehört zu dem verborgenen Anteil der Persönlichkeit (was laut Freud „unbewusst" ist). Während die Sachebene durch den sichtbaren Teil des Eisbergs dargestellt wird, bleibt die Beziehungsebene in dem unsichtbaren Teil verborgen (vgl. ebd.).
Im Prozess der Mediation hat jede Konfliktpartei die Gelegenheit und die Freiheit, seine verborgenen Beweggründe auszusprechen, um Klarheit zu erreichen und konstruktive Kommunikation zu ermöglichen (vgl. Dulabaum, 2003, S. 82).

Abbildung 8: Das Eisberg Modell.

1.5.1 Kommunikation am Beispiel der Transaktionsanalyse von Berne

Menschen kommunizieren nach bestimmten Mustern. die fest in der Persönlichkeit verankert sind. Berne, der Begründer der Transaktionsanalyse (1961), erklärt wie Menschen in der Begegnung miteinander auf drei „Ich" Zustände agieren und interagieren. Berne unterscheidet in Kindheits-, Eltern- und Erwachsenen-Ich Zuständen, die in allen Menschen existieren (vgl. Hagehülsmann, 1992, S. 28). Er beobachtete, wie Personen während der Interaktion, ihr Verhalten, ihre Mimik, ihr Vokabular und ihre Emotionen veränderten. Er beschreibt ihr Verhalten als eine Veränderung von etwas zu etwas (vgl. Harris, 1975, S. 31). Im Gegensatz zu den Begriffen Freuds „Über-Ich", „Ich" und „Es" behauptet Berne, dass es sich bei diesen drei Zuständen um phänomenologische Realitäten handelt, die in der Persönlichkeit des Menschen integriert sind (vgl. ebd., S. 33).
Das *„Eltern-Ich"* ist geprägt durch die Gebote/Verbote, die von den Eltern gelernt worden sind. Sie wirken belehrend, aber auch helfend (Trost, Unterstützung). Das kleine Kind nimmt alles, was die Eltern sagen, als Wahrheit an, da es noch nicht in der Lage ist, hinterfragen zu können (vgl. ebd., S. 35-39).
Das *„Kindheits-Ich"* hat eine Datenansammlung aus Gehörtem, Gesehenem und Ge-

fühltem gespeichert. Das Kind verfügt über wenig sprachliche Fähigkeiten und antwortet mit Gefühlen. Bei Kritik befindet es sich in einem „Hilflosigkeits-Zustand“ und gelangt zwangsläufig zu dem Gedanken: „Ich bin nicht o.k.“. Dieses liegt nicht etwa an der Intention des Erwachsenen, sondern entsteht aus der Situation heraus (vgl. ebd., S.40-43).

Das *„Erwachsene-Ich“* verkörpert die rationale Autonomie. Es entwickelt sich ab dem ca. 5. Lebensjahr bis zum Lebensende. Informationen und Werte vom Eltern-Ich werden geprüft, probiert und exploriert, dabei entwickelt sich die Vernunft. Das „Erwachsene-Ich“ beginnt zu realisieren, dass es durch sein Handeln Einfluss auf seine Umwelt nehmen kann und selber Entscheidungen treffen darf und soll (vgl. ebd., S. 43-53).

Die Transaktionsanalyse bietet ein Model zur Beobachtung, Beschreibung und zum Verstehen von Kommunikationsebenen (vgl. Hagehülsmann, 1992, S. 35), was hilfreich in der Mediation ist. Es ist anwendbar für die Persönlichkeits-, Beziehungs- und Gruppenanalyse (vgl. Har-ris, 1975, S. 73, 150 und 262). Es ist für den Mediator wichtig zu erkennen, welcher der Kindheits-, Eltern- oder Erwachsenen- Ich Zustände sich bei den Medianten meldet. Das Ziel ist es, die Haltung des Erwachsenen-Zustandes einnehmen zu lernen, um Entscheidungen treffen zu können, die zur Problemlösung und Befriedigung der Bedürfnisse führen (vgl. Hage-hülsmann, 1992, S. 35).

1.5.2 Grundlagen der Kommunikation nach Watzlawick

In seiner Theorie der Kommunikation entwickelte Watzlawick (1921-2007) fünf Axiome, die die verschiedenen Modalitäten der Kommunikation definieren (vgl. Watzlawick Beavin/Jackson, 1996, S. 53):

Erstes Axiom: Man kann nicht nicht kommunizieren

Kommunikation besteht, sobald zwei Menschen in Kontakt kommen und sie sich wahrnehmen. Auch der Versuch durch Schweigen nicht zu kommunizieren wird als Kommunikationsmittel bezeichnet, da er Mitteilungscharakter besitzt. Mimik, Gestik und der Inhalt verbaler Sprache mit seiner Varianz in Tonfall, Wortauswahl und Geschwindigkeit der Sprache aller Gesprächspartner, bilden einen wichtigen Bestandteil jeder Kommunikation. Das gesamte Verhalten eines Menschen spielt nach Watzlawick in der Interaktion eine wichtige Rolle. Es ist unmöglich nicht zu kommunizieren (vgl. ebd., S.50f).

Zweites Axiom: Der Inhalts- und der Beziehungsaspekt der Kommunikation

Jede Mitteilung hat einen Inhaltsaspekt und einen Beziehungsaspekt. Der Inhaltsaspekt vermittelt die Informationen und stellt das „Was“ einer Mitteilung dar. Der Beziehungsaspekt zeigt, wie die Informationen vom Empfänger aufgenommen werden und gibt dem Sender Auskunft über die Beziehung zum Empfänger. Daraus folgt, dass der Beziehungsaspekt bestimmt, wie der Inhalt zu interpretiert ist. Die Kommunikation gelingt, wenn auf beiden Ebenen und bei beiden Kommunikationspartnern Einigkeit über den Inhalts- und Beziehungsaspekt herrscht (vgl. ebd., S. 53f).
Sie misslingt, wenn ein Kommunikationspartner unterschiedliche oder gegensätzliche Botschaften sendet, oder wenn der andere Kommunikationspartner einen der beiden Aspekte anders interpretiert (vgl. ebd.).

Drittes Axiom: Die Interpunktion der Kommunikationsabläufe

Das Verhalten einer Person wird durch die Reaktion einer anderen ausgelöst. Die Ursache einer fehlerhaften Kommunikation wird in der Regel beim anderen gesucht. Beide interpretieren also ihr Verhalten als Reaktion auf das Verhalten des anderen. Also ist jede menschliche Kommunikation Reaktion und Ursache zugleich.
Bezüglich der Interpunktion zitiert Watzlawick ein berühmtes Beispiel (1969), das verdeutlicht wie ein Partnerschaftsstreit entsteht und sich verfestigt. Eine Frau beschwert sich, dass ihr Mann sich ständig zurückzieht. Der Mann jedoch zieht sich ständig zurück, weil seine Frau nörgelt. Jeder denkt, der andere hat Schuld. Jeder will das Beste und versucht das beim anderen gelagerte Problem zu lösen. Was für die Frau das „Problem“ ist, ist für den Mann die „Lösung“ und umgekehrt. Watzlawick nennt diesen Sachverhalt treffend „Mehr desselben oder: Wenn die Lösung selbst das Problem wird.“. Auf einer systemischen Betrachtungsebene spricht man von einen sich selbst eskalierenden Rückkoppelungskreislauf (vgl. ebd., S. 57f).
Die Kommunikation misslingt, wenn einer der beiden Kommunikationspartner annimmt, dass der andere die gleichen Informationen besäße wie er selbst (vgl. ebd.).

Viertes Axiom: Digitale und analoge Kommunikation

Menschliche Kommunikation erfolgt in digitaler und analoger Art und Weise. Wird nur der Inhaltsaspekt von Informationen (das gesprochene Wort) ohne Hinweis auf eine Interpretation oder Bewertung weiter gegeben, so spricht man von digitaler Kommunikation („Der Kuchen schmeckt lecker“).
Analoge Kommunikation dagegen bezieht sich auf eine Beziehung zwischen Menschen. Es geht um die Mitteilungsformen, z.B. den Tonfall, die Gestik und Mimik, die mit dem gesprochenes Wort zusammen wirken (eine Person freut sich, grinst [analog] und sagt dass der Kuchen schmeckt [digital]). Digitale und analoge Modalitäten un-

terstützen sich normalerweise gegenseitig, können sich aber auch widersprechen, z.B. wenn eine Person bitterlich weint und gleichzeitig sagt, dass es ihr gut gehe. Ein körperlicher oder fazialer Ausdruck kann vieles darüber vermitteln, wie ein Mensch denkt und fühlt (vgl. ebd., S. 61f).
Die Kommunikation misslingt bei Nichtübereinstimmung der digitalen und analogen Informationen oder wenn eine oder beide Botschaften unterschiedlich interpretiert werden (vgl. ebd.).
Fünftes Axiom: Symmetrische und komplementäre Interaktionen
Symmetrische und komplementäre Interaktionen bezeichnen Beziehungen, die entweder auf Gleichheit oder auf Unterschiedlichkeit beruhen. Symmetrische Interaktionen zeichnen sich durch das Streben nach Gleichheit und die Verminderung von Unterschieden zwischen gleichberechtigten Partnern aus (vgl. ebd.).
Bei einer komplementären Interaktion dagegen ergänzt das Verhalten des einen Partners das Verhalten des anderen, wie es z.B. bei Mutter und Kind der Fall ist. Eine Person nimmt eine übergeordnete, also superiore Stellung ein, der andere dementsprechend eine inferiore. Allerdings ist es nicht unbedingt so, dass einer dem anderen eine komplementäre Beziehung aufzwingt, indem er ihn z.B. unterdrückt. Die unterschiedliche Rollenverteilung wird von den Beteiligten anerkannt. Ihre Verhaltensweisen ergänzen sich gegenseitig (vgl. ebd.).
Das letzte Axiom lautet also: Zwischenmenschliche Kommunikationsabläufe sind entweder symmetrisch oder komplementär, je nachdem, ob die Beziehung zwischen den Partnern auf Gleichheit oder Unterschiedlichkeit beruht (vgl. ebd., S. 68).

1.5.3 Grundlagen der Kommunikation nach Schulz von Thun

Die Verständigung zwischen Sender und Empfänger beschreibt Schulz von Thun in seinem *„Nachrichtenquadrat"* und im *„4-Ohren-Modell"*, die beide den Inhalt einer Botschaft genauer untersucht (vgl. Schulz von Thun, 1994, S. 30). Sein Modell ist an Bühlers (1934) „Drei Aspekte der Sprache" [13] und an Watzlawicks Unterscheidung zwischen Inhalts- und Beziehungsaspekt einer Nachricht angelehnt. Es zeigt, wie Kommunikationsprobleme entstehen und wie sie behoben werden können (vgl. ebd.).

---

[13] Die drei Aspekte sind: Darstellung, Ausdruck und Appell. Von Thun nennt sie: Sachinhalt, Selbstoffenbarung und Appell.

Eine Nachricht, die vom Sender zum Empfänger geschickt wird, weist vier unterschiedliche Offenbarungsinhalte auf: einen Sachinhalt, einen Appel, eine Aussage über die Beziehung und eine Selbstoffenbarung. Die Vielschichtigkeit der Kommunikation ist in der folgenden Grafik anschaulich dargestellt.

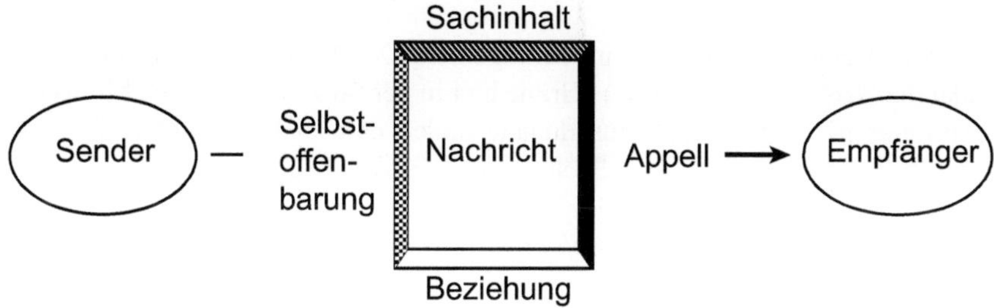

Abbildung 9: Die vier Seiten einer Nachricht nach Schulz von Thun.

Eine Nachricht enthält also viele Botschaften, die durch verbale und non-verbale Anteile formuliert wird. Sie kann aus einem einzigen Wort (z.B. „Raus“) bis hin zu einer ganzen Reihe von Wörtern bestehen. Der Sender gibt jedes Mal eine Sachinformation weiter, offenbart etwas von sich selbst, z.B. seine Stimmungslage, zeigt, wie er zum Empfänger steht und versucht sein Gegenüber zu etwas zu bewegen, indem er Einfluss auf das Denken, Fühlen und Handeln des Empfängers nimmt (vgl. ebd., S. 33).
Kompliziert ist Kommunikation, weil nicht nur der Sender vier Informationen in einer Nachricht sendet, sondern auch der Empfänger mit vier verschiedenen „Ohren“ hört.

Selbstoffenbarungsohr
Was ist das für einer?
Was ist mit ihm?

Sachverhaltsohr
Wie ist der Sachverhalt
zu verstehen?

Beziehungsohr
Wie redet der eigentlich
mit mir? Wen glaubt er

Appellohr
Was soll ich tun, denken,
fühlen aufgrund seiner

Abbildung 10: Der „Vierohrige Empfänger“ nach Schulz von Thun.

Die gesendete Botschaft wird unterschiedlich vom Hörer aufgenommen, je nachdem welches Ohr gerade „geschaltet ist“ (vgl. ebd., S. 45). Die angekommene Nachricht wird von ihm interpretiert. Die Deutung entspricht nicht zwangsweise der Bedeutung der gesendeten Botschaft. Am folgenden Beispiel beschreibt von Thun wie Missverständnisse in einer gestörten Kommunikation aussehen können (vgl. ebd., S. 62):

„Ein Mann und eine Frau sitzen beim Mittagessen. Der Mann will sich informieren und sendet die Nachricht: „Was ist das Grüne hier in der Soße?“ Die Frau: „Mein Gott, wenn es dir hier nicht schmeckt, kannst du ja woanders essen gehen!“ (vgl. ebd., S. 62).
Der Mann stellt eine Frage, um eine Sachinformation zu erhalten:
Sach-Ohr-Ebene: *Da ist was Grünes.*
Selbstoffenbarungs-Ohr-Ebene: *Ich weiß nicht, was es ist.*
Beziehungs-Ohr-Ebene: *Du wirst es wissen.*
Appell-Ohr-Ebene: *Sag mir, was es ist!*
Die Frau antwortet gereizt, weil sie auf einer ganz anderen Ebene hört:
Sach-Ohr-Ebene: *Da ist was Grünes.*
Selbstoffenbarungs-Ohr-Ebene: *Mir schmeckt das nicht.*
Beziehungs-Ohr-Ebene: *Du bist eine miese Köchin.*
Appell-Ohr-Ebene: *Lass nächstes Mal das Grüne weg!* (vgl. ebd., S. 63).

Dieses Beispiel illustriert, wie die Kommunikation durch Missverständnisse gestört werden kann. Viele Faktoren werden bei der geschilderten Situation einbezogen: das Selbstbild, das Fremdbild, die Beziehung der Beteiligten, der sachliche Inhalt der Botschaft und deren Interpretation. Von Thuns Aufschlüsselung des Kommunikationsprozesses ist bei der Konfliktbewältigung in der Mediation von grundlegender Bedeutung (vgl. Schulz von Thun, 1998, S. 12).

1.5.4 Grundlagen der Kommunikation nach Rosenberg

Rosenberg weist auf einen weiteren Aspekt der Kommunikation hin, der für die Mediation eine wichtige Rolle spielt: die Methode der *„Gewalt freien Kommunikation“* (GfK), die auch *„einfühlsame Kommunikation“* genannt wird (vgl. Rosenberg, 2010, S. 22). Er vertritt die Meinung dass der Mensch nicht unbedingt merkt, dass seine Art zu sprechen „gewalttätig“ ist, dennoch kann die Sprache die benutzt wird zu Verletzungen bei ihm selbst und den anderen führen (vgl. ebd., S. 22). Bei der GfK steht eine wertschätzende Beziehung im Vordergrund. Es gilt das Prinzip des „Gebens und Nehmens". Vier Bestanteile machen die GfK nach Rosenberg aus (vgl. ebd., S. 25,26): Beobachtung, Gefühle, Bedürfnisse und Bitten.

Beobachtung. Eine Situation, Handlung oder Unterlassung wird beobachtet, ohne bewertet oder interpretiert zu werden. Die Aussage soll präzise und auf einen Zusammenhang bezogen sein. Beispiel:
„Das Kind hat an seinen Nägeln gekaut." (vgl. ebd., S. 51f).

Gefühle.[14] Mit der Beobachtung entstehen Gefühle. Diese werden normalerweise nicht klar artikuliert. Das Ziel bei der GfK ist es, die Gefühle klar zu formulieren. Beispiel:

> *„Ich habe das Gefühl, ich bin den Leuten, mit denen ich zusammenarbeite, nicht wichtig.". Bei einer Benennung der Gefühle könnte es heißen: „Ich bin traurig."*(vgl. ebd., S. 61).

Ein zentraler Aspekt der GfK ist die Übernahme der Verantwortung für die eigenen Gefühle. Rosenberg unterscheidet vier Reaktionsmöglichkeiten, wie Menschen mit negativen Äußerungen des Gegenübers umgehen können (vgl. ebd., S. 69). Beispiel:

1) Sich selbst die Schuld geben: Das, was jemand als Vorwurf sagt, wird persönlich genommen. Es greift das Selbstvertrauen an und bewirkt Schuldgefühle, Scham oder sogar Depressionen: „ Ich hätte sensibler sein sollen!"
2) Anderen die Schuld geben: Eine vorwurfsvolle Aussage provoziert im Inneren einen Protest. Das Gefühl „Ärger" wird ausgelöst und der andere beschuldigt: „ Sie verärgern mich, wenn Sie Firmendokumente auf dem Boden im Konferenzraum liegenlassen." (vgl. ebd., S. 84).
3) Die eigenen Gefühle und Bedürfnisse wahrnehmen: Die Aufmerksamkeit wird auf das eigene Empfinden gerichtet: „ Wenn du sagst, du machst es, und machst

[14] Gefühle-Liste 1) von Wörtern, die Interpretationen von Gefühlen ausdrücken 2) von Wörtern, die Gefühle ausdrücken: wie wir uns wahrscheinlich fühlen werden, wenn sich unsere Bedürfnisse erfüllen und 3) von Wörtern, die Gefühle ausdrücken: wie wir uns wahrscheinlich fühlen, wenn unsere Bedürfnisse nicht erfüllt werden, sind bei Rosenbergs „Gewaltfreie Kommunikation. Eine Sprache des Lebens" (2010, S. 62-64) zu finden.

es doch nicht, bin ich frustriert, weil ich mich gerne auf deine Zusagen verlassen möchte." (vgl. ebd., S. 85).

4) Die Gefühle und Bedürfnisse der anderen Person durch eine Frage klären: „ Bist du verletzt, weil du mehr Interesse für dein Anliegen brauchst?" (vgl. ebd., S. 70).

Bedürfnisse.[15] Hinter jedem Gefühl liegen Bedürfnisse oder anders gesagt, die Ursache für Gefühle sind Bedürfnisse. Werden Bedürfnisse nach Unterstützung, Wertschätzung, Erfüllung in Familie und Beruf etc. erfüllt, entstehen Gefühle von Glück, Freude und Zuversicht. In der Konfliktsituation werden Bedürfnisse nicht erfüllt und meistens resultieren daraus Gefühle wie Ärger, Wut und Resignation. Es geht also darum, Bedürfnisse zu erkennen, zu akzeptieren und darüber zu reden. Dadurch wird die Chance größer, dass sie erfüllt werden. Sie auf Dauer zu unterdrücken führt zu körperlicher wie seelischer Unruhe. Es ist leichter die Fehler anderer zu sehen und ihnen die Schuld für die eigenen negativen Gefühle zu geben, als die eigenen Bedürfnisse zu artikulieren. Ein Beispiel:
„Ich bin frustriert, wenn du zu spät kommst." Durch diese Formulierung wird der andere verurteilt („Du bist Schuld"). Um ein Bedürfnis auszudrücken, das einem Gefühl zugrunde liegt, könnte die Person die Begründung für ihr Empfinden angeben: *„ Wenn du mehr als eine halbe Stunde zu spät kommst, bin ich frustriert, weil ich gehofft hatte, dass wir einen guten Sitzplatz bekommen."* (vgl. ebd., S. 73).

Bitten. Auch hier liegt der Schlüssel in der Formulierung. Die Bitte drückt konkret aus, was einer vom anderen erwartet, um Entspannung in einem Zustand zu bringen. Rosenberg unterstreicht den Unterschied zwischen Bitten und Forderungen. Wenn eine Bitte ausgesprochen wird und dabei Gefühle und Bedürfnisse benannt werden, wird sie in den meisten Fällen erfüllt. Menschen können sich dann frei entscheiden, ohne Angst vor Konsequenzen haben zu müssen. Das Ziel ist die Beziehung aufzubauen, einfühlsam auf die Bedürfnisse des anderen zu reagieren und konkrete Bitten zu äußern (vgl. ebd., S. 89-106). Beispiel:
„Ich hätte gerne, dass Sie mir sagen, was ich tun kann, um es Ihnen leichter zu machen, in meiner Gegenwart frei über alles zu sprechen." (vgl. ebd., S. 92).

[15] Eine Bedürfnis-Liste, die in sieben Untergruppen unterteilt ist, findet sich in „Gewaltfreie Kommunikation" (S. 74-75).

In der GfK geht es um einen Kommunikationsfluss, der sich hin und her bewegt. Prinzipiell geht es darum, im Alltag eine Grundhaltung zu entwickeln, die dem anderen mit Wertschätzung begegnet.

Gemeinsamkeiten der Kommunikationsmodelle

Die Anthropologie der oben genannten Kommunikationsmodelle basiert auf der Grundannahme des humanistischen Menschenbildes (siehe Kap. 2.1.3, S. 56). Es besagt, dass der Mensch die Fähigkeit besitzt, sich zu entscheiden und sich zu entwickeln. Er muss sich nicht verändern, um gut zu sein, er muss nur bekommen, was er braucht. Die Modelle weisen folgende gemeinsame Charakteristika auf: der „nicht-direktive" Ansatz, die erwünschte Haltung des Therapeuten und die Anwendung der fünf Sinne bei der verbalen wie non-verbalen Kommunikation.

Diese Kommunikationsmodelle sind nicht als therapeutischer Ansatz zu verstehen, sondern zielen auf einen Lern- und Entwicklungsprozess der Beteiligten. Sie orientieren sich nicht an der Vergangenheit, sondern am gegenwärtigen Zustand. Kontrahenten werden gefördert Ideen zu finden, die zu ihrem individuellen und gemeinsamen Ziel führen werden.

Die Kommunikation mit ihren vielen Aspekten ist mit der Motivation des Einzelnen verknüpft.

1.6 Motivation (Maslow und Rosenberg)

In der Motivationsforschung haben sich viele Theoretiker mit den menschlichen Bedürfnissen beschäftigt und Listen mit einem Überblick über existierende Grundbedürfnisse aufgestellt. Es besteht Übereinstimmung darin, dass sie bei allen Menschen vorhanden und überall auf der Welt sehr ähnlich sind. Dazu zählen körperliche, Sicherheits-, Beziehungs- und Anerkennungsbedürfnisse (vgl. de Bono, 2001, S. 42).

Maslow (1902-1987), einer der Mitbegründer der Humanistischen Psychologie, stellt fest, dass die Suche nach der Befriedigung der Bedürfnisse die Grundlage für die Motivation des menschlichen Handelns bildet (vgl. Heckhausen/Heckhausen, 2006, S. 60). Seine klassische Bedürfnispyramide (1954) ist durch die „Fünf-Stufen-Abbildung" bekannt. Die ersten drei Stufen (Nahrung, Sicherheit und Zuwendung) nennt er Defizitbedürfnisse (vgl. ebd., S. 59). Laut Maslow müssen zuerst die Grundbedürfnisse wie

Hunger und Durst befriedigt werden, um die Homöostase, d.h. einen Gleichgewichtzustand des Organismus, zu erreichen (vgl. Weiner, 1988, S. 17 und 324). Solange diese Grundbedürfnisse nicht bedeckt sind, werden Handlungen eingeleitet bis der Organismus wieder im Gleichgewicht ist (vgl. ebd.). Im Zusammenhang mit der Homöostase, betont Weiner, dass Hedonismus[16] (Lustgewinn und Glück) das Ergebnis der Homöostase ist (alle Wünsche sind befriedigt). Alles, was Menschen tun, tun sie also aufgrund von erfüllten oder nicht-erfüllten Bedürfnissen (vgl. ebd., S. 18).
Maslow nennt die höheren Bedürfnissen „Wachstumsbedürfnisse", welche durch Spannungssteigerung und Horizonterweiterung erreicht werden können. Dazu gehören: kognitive Bedürfnisse (Verlangen nach Wissen, Verstehen und Neugier) und ästhetische Bedürfnisse (Ordnung, Schönheit und Struktur). Diese können nicht richtig befriedigt werden, sie müssen immer weiter gefördert werden (vgl. Maslow, 2002, S. 75-79).

Abbildung 11: Bedürfnispyramide nach Maslow.

[16] Hedonismus ist eine utilitaristische Doktrin, die auf den Philosophen Jeremy Bentham (1779) zurückgeht. Er behauptet, dass Lustgewinn und Glück die Hauptziele im Leben seien (vgl. Weiner, 1988, S. 19).

Die Erfüllung der niedrigen Bedürfnisse ermöglicht erst die Erfüllung der höheren bis hin zur Selbstverwirklichung (vgl. Weiner, 1988, S. 86). Auf der Stufe der Selbstverwirklichung wird sich eine Person weiterentwickeln wollen. Es geht nicht nur darum, eine bestimmte Art der Kreativität wie Komponieren oder Buchschreiben usw. zu entfalten, sondern darum, eine engagierte innere Haltung für das Tun anzuregen (vgl. Maslow, 2002, S. 202).
Bei Untersuchungen seiner Versuchspersonen hat Maslow beobachtet, dass diese Menschen keine Perfektion erreicht haben. Einige leiden genauso wie andere, unter Ängsten und Depressionen und andere zeigen Einstellungen von Unbarmherzigkeit bis hin zu übermäßiger Güte (vgl. ebd., S. 206-208). Wenn ein Mensch dabei ist, sich selbst zu verwirklichen und die höheren Bedürfnisse, die er spürt, nicht befriedigt werden, entwickelt er eine Pathologie und leidet unter Langeweile, Verlust an Lebensfreude, Depressionen und einer Verschlechterung des intellektuellen Lebens (vgl. ebd., S. 77). Später korrigierte Maslow seine zentrale Annahme (vgl. ebd., S. 51, 62-65), da er eine Anzahl von Personen beobachtete, die scheinbar von Geburt an kreativ waren, auch wenn ihre defizitären Bedürfnisse nicht abgedeckt waren (vgl. ebd., S. 80).
Rosenberg setzte in seinem Modell von Anfang an keine Reihenfolge für die Erfüllung der Bedürfnisse fest (vgl. Rosenberg, 2010, S. 74).
Seiner Ansicht nach können Bedürfnisse (Wünsche und Erwartungen) eher erfüllt werden, wenn Menschen verstehen, dass eine Verbindung zwischen Bedürfnissen und Gefühlen existiert. Rosenberg unterteilt die grundlegenden Bedürfnisse in sieben Gruppen. Während Maslow erst in seinen letzten Lebensjahren das Bedürfnis nach Transzendenz als sechste Stufe hinzugefügt hat, ist bei Rosenbergs Bedürfnistheorie die „Transzendenz“ von Anfang an berücksichtigt worden, die er mit dem Begriff „Spiritualität“ bezeichnet (vgl. ebd.).

Autonomie
Träume, Ziele, Werte wählen; Pläne für die Erfüllung der eigenen Träume, Ziele, Werte entwickeln.

Feiern
Die Gestaltung eines erfüllten Lebens und wahr gewordene Träume feiern; Verluste feierlich begehen: von geliebten Menschen, Träumen usw.

Integrität
Authentizität, Kreativität, Selbstwert, Sinn.

Interdependenz
Akzeptanz, Beitrag zur Bereicherung des Lebens, Aufrichtigkeit, Empathie, emotionale Sicherheit, Geborgenheit, Gemeinschaft, Liebe, Nähe, Respekt, Rücksicht, Unterstützung, Verständnis, Vertrauen, Wertschätzung, Zugehörigkeit.

Nähren der physischen Existenz
Luft, Nahrung, Wasser, Bewegung, Ruhe, Schutz vor Lebensbedrohlichem (Viren, Raubtieren, etc.), Sicherheit, Körperkontakt, Sexualleben, Unterkunft.

Spiel
Freude, Lachen.

Spirituelle Verbundenheit
Friede, Harmonie, Inspiration, Ordnung (Struktur/Klarheit), Schönheit.

Das Verstehen der Bedürfnisse ist deshalb von Bedeutung, weil so der Ursache von Gefühlen auf den Grund gegangen werden kann. Dadurch lassen sich dann leichter Lösungen für Probleme finden und der Betroffene wird ermutigt zu handeln (vgl. Rudolph, 2003, S. 213). Motivation kann auch durch Misserfolge ausgelöst werden (vgl. Kuhl, 1981, S. 40, 155-170). Je stärker der Wunsch etwas zu erreichen, desto höher die Motivation. Aufgrund der persönlichen Vorstellungen, sei es das Streben nach Macht, Besitz, Ehre oder Selbstverwirklichung, werden Menschen sich anstrengen und engagieren (vgl. Dieterich, 2009, S. 52). Solch interessenbestimmten Handlungen werden durch die *intrinsische Motivation* angetrieben. Die Aussicht auf Erfolg und das Erreichen eines Zieles löst Freude und Zufriedenheit aus, die von der Ausschüttung von Dopamin begleitet werden. Das Belohnungssystem im Nucleus accumbens wird durch den Botenstoff stimuliert und sendet Erregungspotenziale an andere Gehirnstrukturen (vgl. Spitzer, 2002, 177).
Deci und Ryan erklären in ihrer Motivationstheorie, dass neben der *intrinsischen* Motivation zwei weitere Varianten vorkommen: die ***A***-Motivation und die *extrinsische* Motivation (vgl. Deci/Ryan, 1993, S. 39 und 223-238).

Die ***A-Motivation*** liegt vor, wenn sich ein Mensch in einem gleichgültigen bis apathischen Zustand befindet. Er fühlt sich nicht kompetent und glaubt, dass er seine Situation nicht beeinflussen kann. Er verfolgt kein erkennbares Ziel. Sein Verhalten wird nicht als motiviert bezeichnet, weil es nicht durch intentionale Prozesse gesteuert wird (vgl. ebd., S. 224).

Bei der ***extrinsischen Motivation*** liegt eine Abhängigkeit von einer Belohnungserwartung oder einer Bestrafungsvermeidung vor. Die Aufgabe wird deshalb ohne Freude oder Befriedigung bewältigt (vgl. ebd., S. 225). Der Menschen richtet sich nach den externale Bedingungen, ohne sich jedoch mit ihnen zu identifizieren (Man tut etwas, weil es sich gehört). Die Motivation liegt in diesem Fall außerhalb des Kernbereichs des Individuums und kommt nicht von innen heraus.
Es ist sicherlich eine Herausforderung für die Mediatoren wie auch für die Medianten Lösungswege zu finden, die die Bedürfnisse, Gefühle und Motivation berücksichtigen. Es muss also in Betracht gezogen werden, welche unterschiedlichen Motivationen Menschen bewegen, etwas zu tun und welche Ziele sie erreichen wollen (vgl. Köstler, 2010, S. 86).
Für den Mediator ist es sehr wichtig die Teilnehmer, die A- und extrinsisch motiviert sind, während des Mediationsprozesses nicht zu verlieren. Deshalb nimmt der Mediator sie wahr, versucht sie einzubeziehen, und lädt sie ein sich mitzuteilen und erweckt den Wunsch zur Mitarbeit (vgl. ebd.). Es geht darum, ihnen zu zeigen dass sie als Menschen geschätzt sind und dass ihre Beteiligung wichtig ist, denn sie werden am Erfolg der Lösung beitragen.
Um ein „Wir-Gefühl" zu erwecken, deutet Antoine de Saint-Exupéry (vgl. Saint-Exupéry,) in einem seiner Zitaten an, dass Menschen motiviert werden etwas zu tun, wenn sie in sich den Drang verspüren die Zukunft für sich und andere zu gestalten.

„Wenn du ein Schiff bauen willst,
dann trommle nicht Leute zusammen,
um Holz zu beschaffen,
Werkzeuge vorzubereiten,
Aufgaben zu verteilen und
die Arbeit einzuteilen,
sondern wecke in ihnen die Sehnsucht nach dem weiten, endlosen Meer!"

2
Mediation: Etymologie und Bedeutung des Begriffs

Wie schon in der Einleitung erwähnt, ist Mediation kein neues Verfahren. Ein Blick in den sprachlichen Hintergrund der Begriffe „Mediation“ und „Mediator“ und in die Geschichte des Verfahrens bestätigt dies.
Der englische Begriff *„mediation“* geht auf die lateinische Wurzel *„mederi“* zurück, dessen Ableitung *„mediatio“* Vermittlung bedeutet. In der griechische Sprache bedeutet *„medos“* „unparteiisch, vermittelnd, neutral, keiner Partei angehörend (vgl. Hehn 2002, S. 153). Der Ursprung des Wortes Mediator ist im lateinischen *„mediatrix“* (feminin) und *„mediatore“* (maskulin) und im griechischen *„mesitis“* (feminin) und *„mesitaes“* (maskulin). Seit über 2000 Jahren werden diese Worte gebraucht. Die Definition dieser beiden Wörtern kann mit *„mesos“* (Mitte) ins Griechische und mit *„medium“* ins Lateinisch übersetzt werden. Die vermittelnde Person geht in die Mitte, also dazwischen („mediare“, „mesiteuin“).
Ein Mediator als *„medium“* oder *„Mittelmensch“* beschäftigt sich mit der Kommunikation in Konflikten. Dies hat mit „medialen“ Fähigkeiten, wie es in der Esoterik üblich ist, nichts zu tun. Beide Wörter haben nur den gleichen Wortstamm (Medium, Mitte oder Zentrum), werden aber in völlig unterschiedliche Kontexten benutzt (vgl. Duss-von Werdt, 2008, S. 12).
Ganz allgemein gesprochen ist Mediation ein systemisches Verfahren für konstruktive Konfliktlösung. Dabei gilt es, Konfliktparteien in einem außergerichtlichen Verfahren zu helfen, zu einer Konsenslösung zu kommen, die allen Beteiligten gerecht wird (vgl. Pühl, 2005, S. 245). In Konfliktfällen fördert die Mediation die Kooperation statt die Konfrontation. Sie eröffnet den Weg zu einer friedlichen, interessengerechten und zukunftsweisenden Lösung des Problems (vgl. ebd.).
Duss-von Werdt definiert Mediation als „eine Art der Begegnung von und mit Menschen, aus welcher sich Verständigung, Verstehen und gemeinsame Vereinbarungen ergeben können“ (Duss-von Werdt, 2008, S. 79).
Ballreich & Glasl verstehen Mediation wie folgt: „Mediation ist ein Verfahren der Konfliktbehandlung, das durch vermittelnde Tätigkeiten einer oder mehrerer neutraler Personen, die keinen Anteil am Konflikt haben, durchgeführt wird“ (Ballreich & Glasl, 2007, S. 13). Mediation ist eine außergerichtliche Form der Konfliktbearbeitung mit Unterstützung eines Mediators (vgl. Montada/Kals, 2007, S. 1).
Laut Geißler ist Mediation primär eine menschliche Haltung und sekundär eine Profession. Mediation ist realitätsbezogen und gibt eine Anleitung anhand derer gelernt werden kann, wie soziale Beziehungen zu gestalten sind (vgl. Geißler, 2000, S. 41-42).

2.1 Geschichte und Entwicklung der Mediation

Historisch gesehen hat Mediation in Europa eine lange Tradition (vgl. Breidenbach, 1995 S. 7). In seinen Recherchen stieß Duss-von Werdt auf Solon. Aus vorhandenen Quellen wird berichtet, dass das gewählte griechische Staatsoberhaupt Solon im 6. Jahrhundert vor Chr., von den Athenern zum Mediator ernannt wurde. Im Land herrschte Ungerechtigkeit. Die Gesellschaft war in verschiedene Klassen aufgeteilt; die Adligen und Bürger mit hohem Ansehen wurden bevorzugt, während das immer ärmere Volk (Bauern und Sklaven) unterdrückt wurde. Durch Solons Prinzipien der Gleichberechtigung und Gerechtigkeit zwischen Armen und Reichen wurde der Grundstein für eine demokratische Gesellschaft gelegt (vgl. Duss-von Werdt, 2008, S. 79). Bei den Griechen waren Vermittlungen üblich, um Konflikte zu regeln. Der Staatsphilosoph Platon (429-348 v. Chr.) beschäftigte sich z.B. mit der Überwindung von Ehekrise. Er befand es für notwendig, dass erfahrene Männer und Frauen die Tätigkeit eines *„Synallaktes"* (Zusammenbringer oder Vermittler) übernehmen sollten (vgl. ebd., S. 91).
Auch in östlichen Kulturen, wie China und Japan, wird Mediation seit Jahrhunderten zur Vermittlung in Streitfällen angewandt. Bewohner einer Dorfgemeinschaft erwarteten von dem Dorfleiter, dass er hilft, ihre Konflikte zu lösen (vgl. ebd.). Konfuzius Philosophie prägte das Denken dieser Kultur. Sie lehrt, dass Harmonie, Kooperation und Konsens die höchsten Formen der Weisheit repräsentieren. Eine befriedigende Konfliktlösung wird durch Einsicht erreicht (vgl. Proksch, 1991, S. 173). Bis in die Gegenwart bleibt Mediation im asiatischen Raum, eine erfolgreiche Methode zur Lösung von familiären, sozialen und betrieblichen Konflikten. Anstatt ein gerichtliches Verfahren einzuleiten, wo die Gefahr eines Gesichtsverlustes der Beteiligten droht, entscheiden sich die Konfliktparteien für eine friedliche Schlichtung, weil ein Gerichtsverfahren aufgrund der *„Win-Lose-Logik"*, Beziehungen zerstören kann. Einen Freund zu behalten ist in der östlichen Kultur viel wichtiger, als einen Sieg zu erringen (vgl. Kraus, 2008, S. 135).
Auch in verschiedenen Ländern Afrikas ist Mediation ein weit verbreitetes Verfahren. In den Stammesgesellschaften finden sich keine Gerichtverhandlungen. Kommt es bei Konflikten zu Verstößen gegen Normen und Verhaltensregeln werden diese im Dorf geregelt. In Madagaskar z.B., treffen sich die Konfliktparteien unter dem „Palaverbaum"[17] des Dorfes, um ihre Streitigkeiten zu regeln. Im Beisein der Dorfältesten diskutieren die Beteiligten ihr Problem und diese helfen ihnen, zu einer Einigung zu kommen. Es ist jedes Mal möglich, einen Konsens zu finden, denn es wird so lange geredet, bis eine Übereinstimmung gefunden wird. Diese Art der Vermittlung ist bis

heute üblich. Sie ermöglicht das weitere Zusammenleben in den Dörfern, da jeder auf den anderen angewiesen ist (vgl. Suter, 2008, S. 95).
In Europa spielte Mediation im königlichen Hof, familiären Streit eine wichtige Rolle und wurde ganz besonders dann praktiziert, wenn es um die Herrschaftssicherung ging. Es musste eine Versöhnung *„reconciliatio"* stattfinden (vgl. Duss-von Werdt, 2008, S. 79). Aber auch in politischen Auseinandersetzungen zwischen verfeindeten Königen war Mediation gefragt, um Kriege zu vermeiden oder zu beenden (vgl. ebd.). Jedoch waren Kriege trotz Mediation nicht immer unvermeidbar, wie der Hundertjährige Krieg im 14. Jahrhundert beweist. Zu Beginn des Krieges suchten die verfeindeten Könige (englische und französische) eine außergerichtliche Lösung durch Mediation die jedoch erfolglos blieb. Der Krieg dauerte über den Tod der Könige hinaus an (vgl. ebd.).
Nach einer längeren Periode geriet die Mediation in Vergessenheit. Im 17. und 18. Jahrhundert wurde dem Verfahren erneut Beachtung geschenkt. Theologen, Philosophen und Juristen interessierten sich für Mediation und beschäftigten sich mit dem Thema auf philosophisch-theologische und juristische Art und Weise (vgl. ebd., S. 80 und 2005, S. 53). Im Laufe der Geschichte konnte man beobachten, dass Mediation immer dann wieder auftaucht, wenn die eingefahrenen Strukturen des Rechts kaum Lösungen bieten. Sie vermeidet Chaos und Anomie und wird als Verhandlungsmöglichkeit gefragt. Menschen kommen zusammen, um miteinander zu reden, ohne dabei nur auf die eigenen Interessen fokussiert zu sein, sondern auch auf das Wohl der anderen Menschen zu schauen (vgl. Duss-von Werdt, 2008, S. 81).
Die Geschichte der Mediation ist durch das Beispiel des Westfälischen Friedens im 17. Jahrhundert, bekannt geworden (vgl. Weiler/Schlickum, 2008, S. 2). In Münster und Osnabrück hatten sich Gesandte aus ganz Europa versammelt, um diesen 30 Jahren (1618-1648) Krieg zu Ende zu bringen. Ein Diplomat der damaligen Zeit berichtete, dass die Vermittler in Münster „[...] *viel Mühe, wenig Erfolg und noch weniger Ehre hatten. Ihre Absichten waren gut, aber überall stießen sie auf Härten, welche die stärksten Argumente der Welt nicht in der Lage gewesen wäre aufzuweichen"* (Duss-von Werdt, 2005b, S. 71). Mit dem Venezianers Contarini[18] als Mediator kam die Wende. Bevor er nach Münster

[17] Das Palaver (la palabre) kann mehrere Nächte lang dauern, tagsüber wird gearbeitet. Ältere Männer die besondere Fähigkeiten besitzen sind unter einem hohen Baum, dem „Ankazoabo" anzutreffen und werden als „Friedensstifter" anerkannt (vgl. Suter, zitiert in Mehta & Rückert, 2008, S. 95).

[18] Alvise Contarini, (* 23. April 1597; † 11. März 1651 in Venedig), war Sohn eines Patriziers. Contarini gilt bis heute als einer der venezianischen Meisterdiplomaten.

kam, war seine Tätigkeit schon ab seinem 21. Lebensjahr als Botschafter in mehreren europäischen Ländern und am päpstlichen Hof von großer Bedeutung. Wegen seiner reichen Erfahrungen und seiner Persönlichkeit wurde er gebeten als Vermittler in der Kriegssituation zu verhandeln (vgl. ebd.).

Mit seiner Hilfe als Vermittler und die des päpstlichen Gesandten Fabio Ghigi, kam es nach fünf Jahren Hauptverhandlung zum endgültigen Friedenschluss. Dabei hatten die Mediatoren die Aufgabe, die verschiedenen Verhandlungsangebote der Parteien an die Botschafter mitzuteilen. Sie „pendelten" zwischen den Parteien und übergaben die Vorschläge des einen Vertreters an einen anderen (vgl. Duss-von Werdt, 2005, S. 39). Insgesamt waren es zwölf Jahre Bemühungen gewesen, davon sieben in Vorverhandlungen (vgl. ebd., S. 42). Im Friedensvertrag von Münster, wo die Verhandlungen zwischen den Konfliktparteien stattfanden, wurde festgehalten, wem der Frieden zu verdanken war: *„durch Vermittlung und Mühewaltung des hoch- und wohlgeborenen venezianischen Gesandten und Senators, Herrn Alvise Contarini, Ritters, der das Amt des Mittlers (Mediators) ohne Parteilichkeit nahe ganze fünf Jahre ausgeübt hat"* (vgl. Weiler/Schlickum, 2008, S. 2). Seit diesem Erfolg stieg das Ansehen der Mediation in Europa. Duchhardt schreibt dazu: *„das Prinzip der Vermittlung eines Friedens durch einen oder mehrere an dem Konflikt unbeteiligte Dritte konnte seit Münster/Osnabrück als europäische Norm gelten..."* (vgl. Duss-von Werdt, 2005, S. 43).

Im Mittelalter wurde bei Konflikten durch einen Schadensausgleich Wiedergutmachung geleistet. Die Konfliktparteien suchten Hilfe bei einer Autoritätsperson, die schlichten sollte (vgl. Montada/Kals, 2007, S. 6). In vielen verschiedenen Lebensfeldern wurde das Mediationsverfahren als hilfreich anerkannt und praktiziert, z.B. bei Nachbarschafts-, Wirtschafts- und Familienkonflikten (vgl. Duss-von Werdt, 2008, S. 14).

Die Vertreter der Kirche übernahmen eine aktive Rolle in der Konfliktregelung (vgl. Besemer, 2007, S. 47). In Rom existierte ein *Collegium* aus 20 Priestern welche die Aufrechterhaltung des Völkerrechts zu überwachen hatten. Ihre Aufgabe bestand darin die Friedensschlüsse zu heiligen, religionswidrige *(impia)* Kriege zu verhüten und die Staaten, die die Römer beleidigt oder geschadet hatten, zur Wiedergutmachung aufzufordern (vgl. Duss-von Werdt, 2005, S. 55).

In der Zeit der Aufklärung wurde 1790 in Frankreich ein Familiengericht *(le tribunal de famille)* eingeführt. Ein Jahr zuvor hatte die Revolution angefangen und das Volk kämpfte für seine bürgerlichen Freiheitsrechte. Ziel dieses Familiengerichts war es, Familienangelegenheiten, zu denen die Aufteilung ehelicher Güter, Erbschaften, Scheidung und Vormundschaft gehörten, außergerichtlich zu regeln (vgl. ebd., S.56).

In kurzer Zeit fand eine Entwicklung von feudalen und kirchlichen Strukturen zu einer zivilen Gesellschaft statt. Die Unabhängigkeit der Bürger und ihre Mündigkeit etablierte sich in der Gesellschaft und der Einsatz der Mediation wurde verstärkt eingesetzt (vgl. ebd., S. 97).
Auswanderer aus der „Alten Welt“ haben das Mediationsverfahren dann in die USA gebracht (vgl. Schäffer, 2004, S. 172). In den 1960er Jahren unter dem Einfluss der Bürgerrechtsbewegung, der Vietnamproteste sowie der Studentenunruhen entstand dort ein wachsendes Interesse an alternativen Formen der Konfliktbewältigung. Soziale Bewegungen entwickelten in den USA die *Alternative Dispute Resolution* (ADR, d.h. alternative Konfliktlösung) (vgl. Weiler/Schlickum, 2008, S. 3). Das Bestreben der *ADR* war es, den Konfliktparteien zu helfen Konfliktlösungen zu finden, die akzeptiert und umgesetzt werden konnten. Durch die *„Alternative Disput Resolution“* wurde das Konzept der Mediation in den USA ein fester Bestanteil der Konfliktlösung in vielen gesellschaftlichen Bereichen. Auch Forscher der Harvard University zeigten Interesse an dieser Art von Konfliktlösung. Sie untersuchten die interessenorientierten Verhandlungsmethoden und prüften verschiedene Modelle und Strategien. Als Ergebnis wurde 1971 eine Anleitung zur interessenorientierten Verhandlung veröffentlicht. Dies war der Anfang der Mediation als Gegenstand wissenschaftlicher Untersuchungen. Die Mediation wurde im Rechtssystem vieler amerikanischer Bundesstaaten integriert (vgl. ebd., S. 4).
Auch bei vielen internationalen politischen Auseinandersetzungen wird versucht durch Mediationsbemühungen eine Lösung zu finden. Besemer listet eine Reihe dieser Mediationsbemühungen auf:

- Indien-Pakistan-Konflikt (1965/66) durch die Vermittlung von Alexei Kosygin.
- Bürgerkrieg in Biafra (1967-1970) durch die Vermittlungsbemühungen der Quäker[19].
- Sudanesischer Bürgerkrieg (1972) durch die Vermittlung der All African Council Church.

---

[19] Die Quäker (auch: Religiöse Gesellschaft der Freunde) sind eine christliche Religionsgemeinschaft die vor allem in den englischsprachigen Teilen der Welt und in Afrika Verbreitung fand. Sie entstand im 17. Jahrhundert. Sie spielten eine wichtige Rolle in den Friedens- und Deeskalationsbemühungen während des nigerianischen Biafra-Bürgerkrieges
(vgl. Weingardt, http://www.compass-infodienst.de/Markus_Weingardt__Der_Dialog).

- Israel und Nachbarn (1973-1976) durch die Vermittlung von Henry Kissinger.
- Camp-David-Abkommen Israel-Ägypten (1978) durch die Vermittlung von Präsident Carter (Ergebnis: Friedensvertrag zwischen Israel und Ägypten).
- Iran-Irak Krieg (1987) durch Vermittlung von Perez de Cuellar (vgl. Besemer, 2007, S. 50).

In der aktuelleren Politik begegnet uns die Mediation bei folgenden Konflikten:

- Im Oktober 2012 wurde von den Versuchen berichtet beim Konflikt zwischen der kolumbianischen Regierung und der linksextremen *Farc* Guerilla (die *„Revolutionären Streitkräfte Kolumbiens"*), zu vermitteln, der seit 1964 tobt. Es ist seit 1984, der vierte Versuch, einen Friedensprozess einzuleiten. Alle bisherigen Versuche scheiterten (vgl. Oehrlein, 2012).
- Zu gleicher Zeit wurde von den Friedensbemühungen in Syrien zwischen den radikalisierten Aufständischen und den Assad-Getreuen berichtet. Der von der UN beauftragte Vermittler Kofi Annan gab seine Mission zurück, weil er sie für gescheitert hielt. Der anschließend eingesetzte Vermittler Brahimi schätzte die Chance für eine erfolgreiche Mediation als „mikroskopisch klein" ein. Die Friedenbemühungen seien ein „sehr, sehr schwieriger Prozess der sehr lange dauern kann" (vgl. Focus online, 2012).

Die oben genannten Beispiele repräsentieren nur eine unvollständige Übersicht zum Einsatz von Mediation.
Die Gestaltung des Verfahrens wird von der Anzahl der Konfliktparteien beeinflusst. Konflikte in Organisationen, Institutionen oder auf politischer Ebene betreffen eine deutlich größere Zahl an Menschen als private Konflikte. Nicht alle Beteiligten können an den Gesprächen teilnehmen. Deshalb schickt jede Gruppe Unterhändler, denen sie vertraut und die ihre Anliegen, Wünsche und Meinungen vertreten zu den Verhandlungen (vgl. Besemer, 2007, S. 100). Dabei ist es wichtig, dass die Unterhändler die Interessen der Parteien die sie repräsentieren, vertreten (vgl. ebd., S. 103).
Das Modell der Mediation, also die interessenorientierte Verhandlung und Ansätze von Alternative *Disput Resolution*, wurden in Europa von Einzelpersonen auf die jeweilige Situation im Land übertragen und verbreitet (vgl. Besemer, 1999, S. 49). Methoden, die dem Mediationsmodell ähneln, waren schon vorher in Europa in der Beratungsarbeit, Supervision, Gesprächstherapie und der Konflikttheorie zu finden. So ist das

Modell von Thomann und Schulz von Thun in vielen Bereichen identisch mit dem Mediationskonzept (vgl. Besemer, 2007, S. 49).

2.1.1 Mediation in Deutschland

In Deutschland ist Mediation seit Ende der 1980er Jahre besonders durch Konfliktregelungen im Familienrecht bekannt geworden. Dabei handelt es sich um Fragen des Kindes- und Ehegattenunterhalts, des Sorge- und Umgangsrechts, zum Hausrat, zur Wohnung, zum Zugewinnausgleich sowie zu Konflikten in „Patchwork“- Familien, zwischen nicht verheirateten Paaren, zwischen Eltern und Kindern oder um Mehrgenerationenkonflikte in Mehrgenerationenhaushalten. In Familienkonflikten spielt oft eine Rolle, dass die Konfliktparteien mit ihren persönlichen Beziehungen nicht zurechtkommen (vgl. Weiler/Schlickum, 2008, S. 45).
In allen Lebensbereichen und allen Branchen hat sich Mediation bewährt und verbreitet. Man findet sie zum Beispiel:

- bei Fällen der Jugendkriminalität, beim Täter-Opfer Ausgleich oder in Schulen als „Peer-Mediation“ zwischen Schülern (vgl. Besemer, 2007, S. 49 und Ballreich/Glasl, 2007, S. 16).
- in der Nachbarschaft, z.B. wenn Streitigkeiten um Baumwuchs oder Geh- und Fahrtrechte bestehen (vgl. Ballreich/Glasl, 2007, S. 17).
- in der Wirtschaft und bei anderen Organisationen bei innerbetrieblichen Meinungsverschiedenheiten zwischen Führungskräften und Mitarbeitern, zwischen Mitarbeitern untereinander oder zwischen verschiedenen Abteilungen.
- auf der gesellschaftlichen Ebene, z.B. bei Umweltfragen im Zusammenhang mit dem Bau von Straßen, Flughäfen oder Eisenbahnlinien (Einrichtung von sogenannten „Runden Tischen“).

Im Juli 2012 trat das Mediationsgesetz in Kraft. Ziel dieses Gesetzes ist es, die Mediation und andere Verfahren der außergerichtlichen Konfliktbeilegung zu fördern und die Justiz zu entlasten. Es gibt mehr Freiheit für die Gestaltungsmöglichkeiten der Konfliktparteien. Die Streitkultur soll verbessert werden. Auch in Zukunft müssen Mediatoren nicht zwingend Juristen sein. Als Mediatoren können Rechtsanwälte, aber auch Psychologen, Pädagogen oder Sozialwissenschaftler arbeiten. Um die Qualität der Mediatoren zu sichern, wird die Bezeichnung „zertifizierter Mediator“ gesetzlich verankert. Das Bundesjustizministerium wird die dazugehörigen verbindlichen Standards noch festlegen (vgl. Sicking, 2012, http:/www.heise.de › resale › Recht).

2.1.2 Das Harvard-Konzept

Das Harvard-Konzept ist eine von der Harvard-University (USA) entwickelte Verhandlungsmethode, die heutzutage als Grundlage in der Mediation dient. Vermittlung durch Dritte gab es zu allen Zeiten; das Neue bei diesem Konzept ist das strukturierte Verfahren, das in genau definierten Schritten abläuft.
Ausschlaggebend für die Entstehung des „Harvard Konzeptes“ (Harvard Negotiation Project, 1979) waren die Fragen der Autoren Fisher, Ury und Patton, wie Menschen am besten mit ihren Differenzen umgehen, warum Konflikte manchmal zur Zufriedenheit aller Beteiligten gelöst werden und weshalb so viele Konfliktparteien in diesem Bemühen scheitern (vgl. Fisher, Ury und Patton, 2004, S. 13). Nach Befragungen von Studenten, Lehrern und Fachleuten, haben sie ein Konzept für ein praktisches Vorgehen entwickelt. Ihrer Forschung zufolge kann man zwischen Positionen und Interessen der Konfliktgegner unterscheiden. Beharren Handelnde auf ihren Positionen ohne Rücksicht darauf, ob diese akzeptabel für die Gegenseite sein könnten, wird der Konflikt eskalieren. Werden aber die Interessen, die hinter den Positionen liegen, erfasst, bahnt sich ein Weg für einen Verhandlungserfolg an (vgl. ebd., S. 74).
In der Regel wird in einer Konfliktsituation versucht, die Gegenseite im Positionskampf auszumanövrieren und mit allen Mitteln so unter Druck zu setzen, bis sie nachgibt. Mit dieser Methode will einer der Konfliktgegner eine Eskalation vermeiden und macht deshalb Kompromisse. Diese Zugeständnisse hinterlassen oft ein Gefühl des „Ausgenutztwerdens“ und führen zu keinem fairen Ergebnis (vgl. ebd., S. 19). Eine saubere Trennung von Positionen und Interessen wird benötigt sowie die Bereitschaft beider Konfliktparteien, eine gemeinsame Lösung zu finden, um ein Win-Win Ergebnis zu erreichen. Laut Fisher ist die Konfliktbearbeitung nach dem Harvard-Konzept zwar hart in die Sache, aber weich gegenüber den Menschen. Es geht darum, herauszufinden was hinter den Forderungen steckt (vgl. ebd., S. 21). Im Mittelpunkt des Konzepts stehen vier Prinzipien, die allgemein als Grundlage für das Mediationsverfahren dienen können: Menschen, Interessen, Möglichkeiten und Kriterien (vgl. ebd., S. 34):

Die Trennung zwischen Sachebene und Menschen ist sehr wichtig, weil Menschen

dazu neigen, sachliche Probleme mit persönlichen Aspekten zu vermischen. Eine Aussage wie: „Die Küche ist ein einziges Durcheinander." ist zwar auf ein sachlichen Problem gerichtet, kann aber als persönlicher Angriff mit der Bedeutung: „Du bist zu faul um aufzuräumen" verstanden werden. Aus einer sachlichen Bemerkung wird eine falsche Folgerung gezogen (vgl. ebd., S. 47).
Die Ausrichtung auf Interessen statt auf Positionen schafft eine Perspektive für eine *„Win-Win"* Lösung. Das Feilschen um Positionen bringt die Konfliktgegner in einen Kampf. Jeder äußert, was er will und nicht will und versucht den Gegner von seiner Position zu verdrängen. Keiner will nachgeben, was dazu führt, dass Beziehungen belastet und zerstört werden.
Ein Beispiel:
Ein Mieter und ein Vermieter bestehen jeder auf seiner Position bezüglich einer Mieterhöhung. Der Mieter ist fest überzeugt, dass die Miete schon jetzt zu hoch ist, während der Vermieter ins Feld führt, dass sie schon lange nicht mehr erhöht wurde. Darauf antwortet der Mieter er könne nicht noch mehr zahlen, denn alles wird teurer. Der Vermieter sagt deshalb, dass er mehr einnehmen müsse. Dabei wird versucht, mit allen Mitteln die Gegenseite unter Druck zu setzen, bis sie nachgibt (vgl. ebd., S. 51).
Eine Zusammenarbeit wird erst möglich, wenn die zugrunde liegenden Interessen herausgefunden werden.
Während des Verlaufs der Mediation wird die Kreativität der Konfliktgegner gefördert, indem sie nach Optionen suchen, die den Interessen beider Parteien gerecht werden. Es wird nicht über Kompromisse diskutiert (vgl. Klappenbach, 2006, S. 161).
Das Ergebnis basiert auf objektiven Kriterien, die beiderseits als fair angesehen werden. Sie werden von den Konfliktparteien gemeinsam festgelegt (vgl. ebd., S. 162).

Fazit

Das Harvard-Konzept ist als Praxisratgeber zu verstehen. Es bietet eine Alternative zu den gewohnten Tendenzen wie „Angriff" oder „Rückzug". Es ermöglicht den Konfliktparteien Optionen zu generieren bevor Entscheidungen getroffen werden. Das Harvard-Konzept ist auf Konfliktbearbeitung ausgerichtet. Der Schwerpunkt liegt auf der Beobachtung der Kommunikation. Die Konfliktgegner sollen lernen, sich zu äußern und sich zu verständigen. Es wird also an die Einsicht der Menschen appelliert.

Interessen und Werte werden berücksichtigt. Dennoch gibt es keine Sicherheit, dass die Konfliktgegner zur Einsicht kommen werden.

2.1.3 Humanistische Anthropologie in der Mediation

In der Mediation gilt das Menschenbild der humanistischen Richtung (vgl. Schäffer, 2004, S. 179). Nach der Zeit des Mittelalters, in der die katholische Kirche die Gesellschaft maßgeblich prägte, gab es in der Folgezeit eine Rückbesinnung auf die Ideale der griechisch-römischen Antike. Die Humanisten wollten die Menschen dazu bringen, sich mit Hilfe der antiken Gedanken aus der Enge des Mittelalters zu befreien und zur Selbstentfaltung zu kommen (vgl. Seibert/Wendelberger, 1970, S. 2450).
Im 19. und 20. Jahrhundert, war es das Ziel des Humanismus, den Menschen aller gesellschaftlichen Schichten zu ihren Rechten zu verhelfen. Die Interessen, der Werte und die Würde des einzelnen Menschen standen im Mittelpunkt (vgl. ebd., S. 2451).
In der 1950er Jahren wurde die humanistischen Therapien des Humanismus neben der Psychoanalyse und dem Behaviorismus zur „dritten Kraft“ in der Psychologie (vgl. Stumm/Wirth 1994, S. 141). Bedeutende Vertreter der humanistischen Psychologie sind unter anderem Tausch (in Deutschland), Bühler, Maslow und Rogers (vgl. Weinberger, 1996, S. 29).
Laut Rogers hat die humanistische Psychologie das Ziel, den Menschen und nicht seine Probleme in den Mittelpunkt zu stellen. Ihm soll geholfen werden, unter Heranziehung seiner individuellen Ressourcen, selber eine Lösung zu finden. Der Mensch wird als aktiver Gestalter gesehen, der eigenverantwortlich Entscheidungen trifft (vgl. Weinberger, 1996, S. 30 und Stumm/Wirth 1994, S. 141).
Aufgrund dieser Überzeugung, hat Carl Rogers[20] das Verfahren der „klientenzentrierten Psychotherapie (*Client-centered Therapy*)“ als nicht-direktive Methode entwickelt und seine Wirksamkeit nachgewiesen (vgl. ebd.).
Rogers postuliert, dass folgende Leitprinzipien für eine wirksame Beratung in der inneren Haltung des Beraters fest verankert sein müssen. Sie sind gekennzeichnen durch (vgl. Weinberger, 1996, S. 39f):

[20] Car R. Rogers war ein amerikanischer Psychologe. Er entwickelte (ab 1942) die klientzentrierte Psychothera-pie, die von der Hamburger Psychologe Reinhard Tausch in Deutschland als „Gesprächspsychotherapie“ ab 1956 eingeführt wurde (vgl. Weinberger, 1996, S. 29).

Echtheit oder Kongruenz. Der Berater tritt dem Klienten als Person gegenüber, die offen für sein eigenes Erleben ist und sich nicht hinter einer Rolle versteckt.
Positive Wertschätzung. Der Berater achtet den Klienten als Person und bemüht sich ihm gegenüber um ein uneingeschränktes Akzeptieren.
Einfühlendes Verstehen. Der Berater versucht, den Klienten von seinem Bezugspunkt her zu verstehen, d.h., so wie er die Dinge wahrnimmt.

Diese Grundhaltung ist von Bedeutung bei der Arbeit mit Klienten. Sie hilft bei der Kontaktaufnahme, während der Beratungssituation und bei den einvernehmlichen Regelungen (vgl. Weinberger, 1996, S. 195 und S. 235).
Zur humanistischen Anthropologie gehören folgende Grundannahmen (vgl. Stumm/ Wirth, 1994, S. 141 f und Yalom, 1989, S. 31):

Der Mensch ist gut.
Der Mensch ist eine ganzheitliche Einheit (Körper-Seele-Geist) und mehr als die Summe seiner Teile.
Jeder Mensch ist einzigartig.
Der Mensch lebt in zwischenmenschlichen Beziehungen.
Der Mensch lebt bewusst und kann seine Wahrnehmung schärfen.
Der Mensch kann sich entscheiden.
Der Mensch agiert auf intentionale Weise (Zweck, Werte, Sinn).
Der Mensch strebt nach Selbstverwirklichung.
Der Mensch ist zu selbstverantwortlichem Handeln fähig und strebt nach Autonomie.
Der Mensch strebt nach Selbstregulation.
Der Mensch ist auch ein emotionales Wesen (er wird von Gefühl, emotionalem Erleben, Verstand und Verstehen geleitet).

Werte die der Humanismus vermittelt sind Würde, Freiheit, Gleichheit, Selbstachtung, Achtung Anderer, Toleranz, Gerechtigkeit, Vernunft und die Suche nach friedlichen Lösungen. Mediation bezieht sich auf diese ethische Dimensionen, die aus der biblischen[21] Ethik abgeleitet wurden.

[21] Die 10 Gebote (Exodus 20, 2-17) und der Bergpredigt (Matthäus 5,1-12).

2.2 Grundprinzipien und Ziel der Mediation

Der Grundgedanke der Mediation besteht nicht darin Recht zu sprechen oder ein Urteil zu fällen, sondern darin Lösungen zu finden. Das Verfahren zielt auf die Regelung zwischenmenschlicher Konflikte. Es hilft Menschen mit ihren Beziehungen und mit ihren Konflikten besser umzugehen, auch wenn grundlegenden Differenzen noch existieren. Es wird also deutlich, dass es nicht um eine Auflösung von Problemen geht (vgl. Bastine, 2004, S. 42). Bekannt ist das Verfahren mit dem Überbegriff „Hilfe zur Selbsthilfe" (vgl. Kraus, 2005, S. 33).

Streitende sind sich dabei bewusst, dass sie ihre Konflikte nicht alleine lösen können. Sie haben die Einsicht, dass sie auf Hilfe angewiesen sind (vgl. Mayer, 2007, S. 230). Folgende Ziele sollen bei einer Mediation erreicht werden (vgl. Ballreich/Glasl, 2007, S. 55-56):

- den Aufbau eines Dialogs zwischen den Medianten. Sie sollen ihre Abneigung erkennen und lernen, sie zu bewältigen
- das Bewusstsein, dass durch den Konflikt, ihre Wahrnehmung, ihr Denken, Fühlen, Wollen und Handeln beeinträchtig worden ist
- eine respektvolle Auseinandersetzung und das Vermeiden jeglicher Gewalt, Manipulation und Gemeinheit
- ein besseres Verständnis ihrer eigenen Wahrnehmung und das der anderen Partei
- die Entwicklung einer Akzeptanz für das Anderssein der anderen und die Formulierung dessen, was verstanden wurde
- das Finden von Lösungen, die alle Konfliktparteien zufriedenstellen
- die Umsetzung der einvernehmlichen Lösungen
- die Entwicklung von Kompetenz, wie mit Konflikten umzugehen ist (vgl. Ballreich/ Glasl, 2007, S. 55-56).

Konfliktparteien tragen eine wesentliche Verantwortung für das Gelingen oder Misslingen einer Mediation. Ihre Persönlichkeitsmerkmale spielen dabei eine wichtige Rolle. Sie bringen bestimmte Voraussetzungen mit, die für den Ausgang des Verfahrens entscheidend sind. Im Folgenden werden die vier Prinzipien, die das Verfahren beeinflusst, näher betrachtet: Freiwilligkeit, Kommunikationsfähigkeit, Offenheit und Vertraulichkeit der Medianten und Allparteilichkeit des Mediators (vgl. Kraus, 2005, S. 33).

Freiwilligkeit

Die Teilnahme an einer Mediation ist freiwillig. Die Medianten müssen die Bereitschaft haben, miteinander zu reden. Sie tragen die Verantwortung für die konstruktive Arbeit und für das Ergebnis der Mediation (vgl. Schäffer, 2004, S. 33ff).
Schäffer vertritt die Meinung, dass bei mangelnder Freiwilligkeit einer Konfliktpartei dennoch eine Ermutigung zu konstruktiver Mitarbeit möglich ist. Folgendes Beispiel einer Scheidungsmediation zeigt dies (vgl. ebd., S. 34):

Mediator: *Herr X, ihre Frau hat ja diesen gemeinsamen Termin mit mir vereinbart. Und jetzt sagen Sie, dass ihre Frau sie „her geschleift" hat und Sie an dieser Mediation gar kein Interesse haben, Ist das so?*
Herr X: *Genau*
Mediator: *Sie erhoffen sich also für sich selber nichts Vorteilhaftes.*
Herr X: *Nein, sie will mich ja nur rumkriegen, dass sie im Haus wohnen bleiben kann. Das ist aber ganz ausgeschlossen.*
Mediator: *Sie haben also die Sorge, dass Ihnen hier etwas aufgezwungen wird.*
Herr X: *Genau.*
Mediator: *Wie wäre es, wenn Sie sicher wüssten, dass ich mich auf keine Seite schlage, sondern darauf achte, dass eine faire, für Sie beide gute Lösung herauskommt. Würde das ihre Einstellung ändern?*
Herr X: *Das käme auf einen Versuch an.*
Mediator: *Ich schlage Folgendes vor: Sie erklären sich zur Mitarbeit bereit und achten darauf, ob ich wirklich neutral bleibe. Wenn nicht, sagen Sie es mir sofort. Einverstanden?*
Herr X: *Wir können es ja mal versuchen* (vgl. ebd.).

Auch wenn einer der Medianten nicht ganz freiwillig zum Gespräch erscheint, kann Mediation erfolgreich sein.

Kommunikationsfähigkeit

In dem Mediationsprozess geht es um die Bereitschaft zu kommunizieren und um das Verstehen der Informationen des Konfliktgegners. Mediatoren können bestimmte Formulierungen anbieten, um die Kommunikation zu aktivieren. Allerdings es ist wichtig die Grenzen der Kommunikation zu akzeptieren, wo die Verständigungsfähigkeit nicht vorhanden ist (vgl. ebd., S. 35). Besonders bei interkulturellen Differenzen ist es wichtig, die persönlichen Kompetenzen der Parteien zu achten. Ein Beispiel dazu:

> Ein deutscher Mann und seine asiatische Frau kommen zur Mediation. Er ist Lehrer und redet viel. Sie spricht nur gebrochen Deutsch, lebt in einer fremden Kultur und redet wenig. Ein solcher Gegensatz ist eigentlich nicht zu überbrücken.

Die Arbeit mit Medianten aus einem anderen Kulturkreis erfordert hohen Aufwand. Bei interkulturellen Mediationen ist es von großer Bedeutung, entsprechend ausgebildete Übersetzer und Kenner der fremdländischen Kultur einzuschalten (vgl. ebd., S. 36).

Offenheit und Vertraulichkeit

Ein weiteres wichtiges Merkmal ist die Offenheit aller Beteiligten. Sie sollen zur Akzeptanz und Toleranz gegenüber dem anderen ermutigt werden. Die Beteiligten sollen über das Problem offen und angstfrei reden können, damit eine interessengerechte Lösung gefunden werden kann. Das Prinzip der Vertraulichkeit soll verhindern, dass mitgeteilte Informationen nicht gegeneinander verwendet werden, sollte das Verfahren scheitern. Mediator und Beteiligte verpflichten sich zur Schweigepflicht (vgl. ebd., S. 180 und 183). Bei größeren, eher infor-mellen Gruppen kann sie bedingt garantiert werden. Informationen könnten unabsichtlich weitergegeben werden. Dennoch ist es notwendig, vor Beginn einer Mediation die Frage der Veröffentlichung von Informationen zu klären. Wichtig ist, dass alle Beteiligten die gemein-same Vereinbarungen einhalten (vgl. Besemer, 2007, S 101).

Allparteilichkeit (Neutralität und Unparteilichkeit) des Mediators

In der Mediation ist die Neutralität des Mediators eine der wichtigen Erfolgsbedingungen für das Verfahren (vgl. Breidenbach, 1995, S. 4).

Laut Duss-von Werdt sind verschiedene Aspekte der Neutralität zu beachten: Neutralität gegenüber Personen, gegenüber Problemen und gegenüber Ideen (vgl. Duss-von Werdt, 2008, S. 13).

Der Ausdruck „Neutralität" bedeutet nicht, dass der Mediator keine eigene Meinung hat. Er benutzt aber seine Meinung und seine Einstellung für den Dialog nicht als Einflussmöglichkeit für eine Lösung (vgl. S. 16). Montada und Kals erklären, dass das Ausmaß der Kontrolle, die der Mediator über das Verfahren hat, eine Wirkung auf das Ergebnis haben wird. Das heißt, dass die Anliegen jeder Partei in gleicher Weise gehört und ernst genommen werden müssen. Die Einflussmöglichkeiten seiner Führungsrolle sind ihm bewusst, dennoch bewacht er seine Neutralität. Sollte es bei den Beteiligten zu Ungleichheiten kommen, kann der Mediator die hilflosere Partei unterstützen und

sie ermutigen, ihre Anliegen zu artikulieren und zu erklären, ohne dabei selbst Partei zu ergreifen. Es geht darum, das Selbstwertgefühl und Selbstvertrauen der Kontrahenten zu fördern (vgl. Montada/Kals, 2007, S. 46).
Ein Mediator, der eigene Interessen verfolgt und Vorteile in einer Konfliktsituation anstrebt, wird die Unparteilichkeit unglaubwürdig machen (vgl. ebd.). Unparteilichkeit bedeutet, sich auf keine Seite ziehen zu lassen (vgl. Schäfer, 2004, S. 51) und keinerlei Kontakt, sei es privat oder geschäftlich, zu den Parteien zu pflegen (vgl. Kraus, 2008, S.133).
Die Vieldeutigkeit der Neutralitäts- und Unparteilichkeitsbegriffe, die eher mit einer Haltung des „Fernhaltens“ und des „Unbeteiligtseins“ zu tun hatten, hat in den letzten Jahren dazu geführt, den Begriff der „Allparteilichkeit“ einzuführen. Feistauer und Zauner-Grois betonen die Wichtigkeit, jeder Konfliktpartei die gleiche Unterstützung zu geben. Die Allparteilichkeit eines Mediators bedeutet, dass er sich permanent in alle Beteiligten einfühlt und hineindenkt. Dabei wird er feststellen, welche Situation dem Problem zugrunde liegt (vgl. Feistauer /Zauner-Grois, 2009, S. 59).
„Allparteilich sein“ bedeutet, den Parteien empathisch zugewandt zu sein und gleichzeitig eine Distanz aufrechtzuerhalten, um nicht am Konflikt beteiligt zu werden. Je mehr sich die Parteien verstanden und akzeptiert fühlen, desto größer ist die Chance, dass sie offener und lösungsorientierter denken können (vgl. Schäffer, 2004, S. 50).
Dulabaum hat die notwendigen Voraussetzungen, die jeder Mediator besitzen muss, in den „vier As“ zusammengefasst: Allparteilichkeit, Akzeptanz, Anerkennung, Affirmation. D.h., dass Mediatoren die Fähigkeit entwickeln müssen, allparteilich zu bleiben und alle Beteiligten zu akzeptieren und ernst zu nehmen. Anerkennung bedeutet hier, dass die Medianten mit Würde und Respekt angesprochen werden und sie bestätigt bekommen (affirmieren), dass ihre Meinung gehört wird und wichtig ist (vgl. Dulabaum, 2003, S. 18-20).

2.2.1 Die Professionalität eines Mediators

Die Komplexität von Streitstrukturen erfordert eine Handlungsprofessionalität des Mediators. Nicht nur seine Persönlichkeit, Haltung, Fähigkeiten und Fertigkeiten sondern auch seine Aufgabenbeschreibung (Funktion) fließen in die Verhandlung mit ein (vgl. Duss-von Werdt, 2008, S. 12).

Die Persönlichkeit des Mediators

Die Persönlichkeit eines Beraters hat einen wesentlichen Einfluss auf den Gesprächsverlauf. Dieterich empfiehlt, dass ein Berater sich selbst gut kennen muss, einschließlich seiner Fähigkeiten, seiner Anthropologie, seiner Glaubensrichtung, seiner Grenzen und der Struktur seiner Persönlichkeit (vgl. Dieterich, 2004, S. 105).
Mit Hilfe des Persönlichkeitsstrukturtests (PST-R) (Dieterich, 1997) als drei Schichtenmodell, das einem Baumstamm mit Jahresringen entspricht, kann das gesamte Bild einer Persönlichkeit anschaulich dargestellt werden (vgl. Dieterich/Berner, 2012, S. 82).

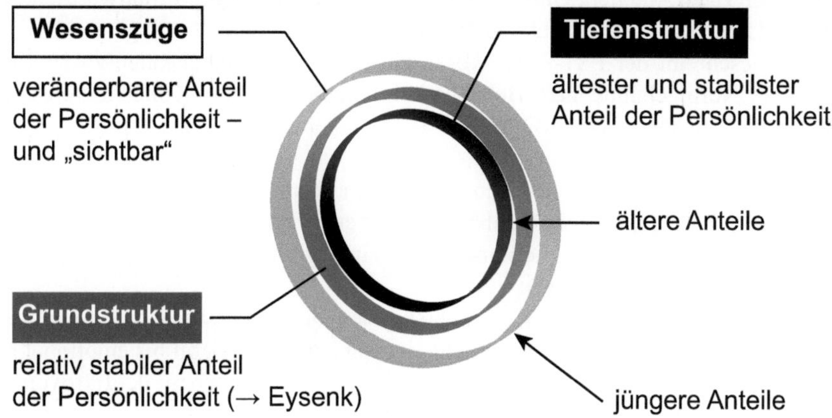

Abbildung 12: Modell der Persönlichkeitsstruktur von Dieterich

Der PST-R dient als Hilfsmittel zur Verbesserung der Selbst- und Fremdwahrnehmung, zur Erkennung wo Förderung nötig ist und zielt nicht darauf, eine Persönlichkeit als „gut" oder „schlecht", „richtig" oder „falsch" zu entlarven (vgl. ebd., 2004, S. 100). Es geht vielmehr darum, sich selbst und auch den anderen in aller Verschiedenartigkeit zu erkennen und im Sinne einer ergänzenden Bereicherung anzuerkennen (vgl. Dieterich, 2010, S. 64). Zwischenmenschliche Konflikte lassen sich verarbeiten, wenn Denken, Fühlen und Handeln eingeordnet und verstanden werden können.
Wie eingangs schon beschrieben, betrachtet der PST-R die drei Bereiche der Persönlichkeit: die Wesenszüge oder Wesenseigenschaften im äußeren, die Grundstruktur im mittleren und die Tiefenstruktur im inneren Ring. Die drei Ebenen beeinflussen sich

dabei gegenseitig (vgl. ebd., S. 65). Prägende Unterschiede zwischen Tiefenstruktur und Wesenszügen deuten auf mögliche Spannungen im Leben der Betroffenen. Sie werden durch Diagnostik geklärt und gezielte Maßnahmen können dann unternommen werden, um Veränderungen zu ermöglichen. Diese entwickeln sich immer von innen nach außen.

Die **Wesenszüge** des äußeren Ringes beschreiben Eigenschaften, die wir nach außen hin zeigen und die für andere leicht erkennbar sind. Im Wesentlichen sind neben Prägung und vererbten Anteilen, Umwelteinflüsse für ihre Entstehung verantwortlich. Sie sind durch Lernprozesse beeinflussbar und somit leicht zu verändern (vgl. ebd.).
Insgesamt beschreibt der PST-R 16 Wesenszüge, die in 5 Globalskalen zusammengefasst sind: Normgebundenheit, Belastbarkeit, Unabhängigkeit, Kontaktbereitschaft und Offenheit. Sie ähneln den „Big Five“[22] (vgl. Dieterich, 2009, S. 149).

Die **Grundstruktur** des mittleren Ringes ist von außen weniger leicht zu erkennen. Es handelt sich hier, um über viele Jahre hinweg verdichtete Wesenszüge. Eine Veränderung ist nicht so schnell möglich und bedarf eines größeren Aufwands an Zeit und Kraft (vgl. Dieterich, 2010, S. 66).
Die Persönlichkeit kann in einem Koordinatensystem dargestellt werden, dabei gibt die vertikale Achse die emotionale Beweglichkeit (von emotional stabil bis emotional beweglich) an und die horizontale Achse den Grad der Extroversion bzw. der Introversion (Big two ent-nommen von Eysenck-Persönlichkeitsinventar).

Die **Tiefenstruktur** des inneren Ringes entspricht dem stabilen Kern der Persönlichkeit. Sie ist durch Vererbung und Prägung in der frühen Kindheit entstanden. Eine Veränderung ist hier kaum möglich und im Sinne der Einmaligkeit und Individualität des Menschen auch nicht nötig (vgl. ebd.).
Eine Darstellung im Koordinatensystem ist hier ebenfalls möglich. Auf der vertikalen Achse befinden sich die Grenzpole „unkonventionell“ und „korrekt“ und auf der horizontalen Achse. Die Grenzpole „sachlich“ und „warmherzig“.
Die meisten Menschen werden nicht an den jeweils angeführten Grenzpolen eingeord-

[22] „Big Five“, ein Fünffaktorenmodell (FFM), wurde auf der Grundlagenforschung von Allport & Odbert (1936), Cattell (1943-1947), Norman (1963), McCrae & Costa (1988/1992), Borkenau (1988), Digman (1990) und Golberg (1990) weiterentwickelt (vgl. Dieterich, 2012, S. 18).

net, sondern befinden sich irgendwo dazwischen. Alle Varianten sind möglich. Dies verdeutlicht die Einzigartigkeit eines jeden Menschen. Eine schubladenartige Etikettierung des Einzelnen wird auf diese Weise verhindert, das Entdecken und Verstehen anderer und der eigenen Persönlichkeit erleichtert. Gegenseitiges Verständnis wiederum ist ein wesentlicher Bestandteil für eine gelingende zwischenmenschliche Kommunikation (vgl. Dieterich, 2004, S. 100).
Zur Tiefenstruktur gehört auch das Merkmal der Kontrollüberzeugungen. Es wird zwischen internaler und externaler Kontrollüberzeugung unterschieden. Hoch internal kontrollüberzeugte Menschen gehen davon aus, dass sie mit eigener Kraft ihre Ziele erreichen werden und lassen sich wenig von externen Einflüssen ausbremsen, während external beeinflusste Menschen sich eher von höheren Instanzen leiten lassen. Die Beschreibung folgt einer Skala von 1 bis 9 (vgl. Dieterich, 2010, S. 73).
Der Persönlichkeitsstrukturtest ist somit ein hilfreiches Instrument in Mediation, um zu verstehen, wie das Individuum ist und warum es sich so verhält wie es sich verhält. Weiterhin zeigt der Test auf, in welchen Bereichen des Lebens Veränderungen möglich sind. Somit ist er ein förderungsdiagnostisches Verfahren mit dem Ziel, das Potenzial, das der Mensch besitzt um sich zu verändern, aufzudecken. An dieser Stelle müssen dann Lernprozesse einsetzen (vgl. Dieterich, 2009, S. 24).
Dieser Test hilft einerseits dem Mediator die Medianten in ihrer Tiefe zu erfassen und andererseits sich selbst besser einschätzen zu können.
Ein Berater sollte folgende Eigenschaften in einem hohen Maß in seiner Persönlichkeitsstruktur aufweisen (vgl. ebd., S. 104, 105):

Sensibilität (gefühlsbetonte Wahrnehmung)
Wachsamkeit (feinfühliges und ästhetisches Verhalten, offene und warmherzige Zuwendung)
Unkonventionalität (kreative Ideen und alternative Wege)
Selbstbehauptung (selbstbewusstes Verhalten und Durchsetzungsvermögen)
hohe internale Kontrollüberzeugung (zielstrebige Arbeit und konsequentere Verfolgung) (vgl. Dieterich, 2009, S. 266).

Weitere wichtige Aspekte in der Persönlichkeit von Menschen, die im Dienst für andere stehen, sind fundiertes Wissen über den Menschen, Kenntnisse in der Selbst- und Fremdwahrnehmung und Spiritualität (vgl. Dieterich, 2009, S. 24). Eine Supervisions- bzw. eine Intervisionsgruppe ermöglichen dem Mediator sich zu reflektieren und zu korrigieren. Dies hilft ihm den Beteiligten gegenüber mit Respekt, Achtung und Bestimmtheit zu begegnen (vgl. Feltham & Dryden, 2002, S.23).

Die Haltung des Mediators

Die Haltung wird in der Mediation als innerliche Einstellung definiert, zu der Wertschätzung, Echtheit und Empathie gehören (vgl. Feistauer/Zauner-Grois, 2009, S. 19). Bei einer Mediation können unterschiedliche Werte, ethische Vorstellungen und Kulturen aufeinandertreffen. Der Mediator trägt hierbei die Verantwortung, dass ein Verstehen der Gefühle und Gedanken der Gegner gelingt und faires Handeln ermöglicht wird (vgl. Ballreich/Glasl, 2007, S. 54). Dulabaum postuliert, dass nicht allein aufwendiges Lernen von Methoden den Menschen hilft, sondern die innere Haltung eines Mediators ganz entscheidend ist (vgl. Dulabaum, 1998, S. 12ff).

Der Haltung frühere Mediatoren dienen heute als noch geltende Beispiele.

In einem Gedicht beschreibt Solon, wie er die Haltung eines Vermittlers versteht. Das folgende Zitat illustriert seine Sichtweise (vgl. Duss-von Werdt, 2005, S. 29): „Einfluss gab ich dem Volke so viel wie gerade genug ist, wollte nicht schmälern noch auch mehren ihm über Gebühr. Auch den Mächtigen gönnte ich nur, den rühmlichen Reichen, was ein jeglicher sich redlich und schimpflos erwarb. Und so stand ich; mein kräftiger Schild beschirmte sie beide. Keinem gewährte mein Spruch wider das Recht den Sieg." (Pavel, 1988, S. 54). Dieser Text zeigt, dass Solon weder die Alleinherrschaft des Proletariats kritisiert, noch die Unterschicht bevorzugt, sondern die Rechte aller Gruppierungen berücksichtig. Er bemüht sich, ihre gegenseitige Sichtweise zu verstehen (vgl. Duss-von Werdt, 2000, S. 121).

Wie bei Solon gibt es auch im Mittelalter, strenge Regeln bei der Mediation.

Contarini und Chigi wurden berühmt durch ihre Vermittlung in Münster anlässlich der Friedensverhandlungen gegen Ende des 30-jähriges Krieges. Der Ablauf der Vermittlung illustriert die Professionalität beider Mediatoren. Es war ihnen wichtig, die Unparteilichkeit zu bewahren, deshalb nahmen sie keine Geschenke an, luden keine Beteiligten ein und ließen sich auch nicht einladen (vgl. Duss-von Werdt, 2005, S. 40). Um das Vertrauen aller Parteien zu gewinnen, sollte der Mediator bescheiden, weise und ehrenhaft sein. Er sollte außerdem in der Politik keine hohe Position bekleiden, um allparteilich sein zu können (vgl. Duss-von Werdt, 2008, S. 81).

Fähigkeiten und Fertigkeiten (Basistechniken) des Mediators
Die Aufgabe des Mediators ist es, das Verhältnis zwischen den Kontrahenten zu durchschauen und seinen eigenen Einfluss im Mediationsprozess richtig einzuschätzen. Schäffer vertritt die Meinung, dass jeder Mediator bestimmte wichtige „Werkzeuge" in seinem „Methodenkoffer" haben sollte. Er muss sie effektiv einsetzen können, um einerseits die aktive Mitarbeit seitens der Medianten zu gewährleisten und andererseits selbst beim Vermitteln effizient zu arbeiten (vgl. Schäffer, 2004, S. 116). Die nötigen Fertigkeiten kann ein Mediator sich durch fleißiges Üben aneignen.
Eine der Basistechniken ist das aktive Zuhören. Der Mediator signalisiert durch verbale wie non-verbale Reaktionen, dass er den Medianten verstanden hat und ermutigt ihn, sich mitzuteilen. Er nimmt die verbalen wie non-verbalen Äußerungen (Unruhe, Seufzen) von Medianten wahr, respektiert Pausen und übernimmt die sprachliche Geschwindigkeit und Lautstärke des Medianten (vgl. Weiler/Schlickum, 2008, S. 26). Zum aktiven Zuhören gehört auch das **Zusammenfassen**. Dabei fragt der Mediator, ob er das, was der Mediant erzählt hat, richtig verstanden hat und versucht gleichzeitig seine Hypothesen zu überprüfen:

- *Habe ich richtig verstanden? Ihnen wäre es lieber, wenn…*

Beim **Fokussieren** wird noch genauer nachgefragt:

- *Aus ihren Antworten erkenne ich Ihre Unterschiedlichkeit. Sie, Herr A, würden es vorziehen, zuerst… Sie, Frau A, möchten als erstes…Ihre Ideen sind ganz unterschiedlich…*(vgl. S. 29).

Es wird darauf geachtet, dass ein Gleichgewicht zwischen Gleichwertigkeit und Gleichartigkeit besteht. So darf nicht einer auf der sachlichen und der andere auf der emotionalen Ebene argumentieren. Die Begegnung muss auf derselben Ebene erfolgen (vgl. ebd.).
Eine spezielle Form des Zusammenfassens und des Fokussierens ist das **Reframing**. Es bedeutet, das Gehörte in einen anderen „Rahmen" zu setzen. Besonders hilfreich ist diese Kommunikationstechnik, wenn eine neue Sichtweise eingeführt werden soll, die aus einem Positionskampf herausführt (vgl. ebd., S. 31).

Herr A findet die Ängste seiner Frau während eines Gewitters übertrieben:

- *„Dass du Dich gleich immer so aufregen musst. Das ist doch völlig übertrieben! Damit machst du nur Dich und andere verrückt!"*

Durch das Reframing bringt der Mediator die Aussage in einen neuen Rahmen und betont eine andere Sichtweise, ein **Perspektivwechsel** wird ermöglicht:

- *Herr A, Sie finden es für sich belastend, wenn ihre Frau sich solche Sorgen macht."* (vgl. ebd.).

Ich-Botschaften sind für viele Menschen eine neue Art der Kommunikation. Das neutrale und unpersönliche „man" wird in Formulierungen oft benutzt. Ich-Botschaften aber unterstreichen die eigene Meinung und betonen die eigenen Gefühle. Deshalb sollte der Mediant ermutigt werden, Ich-Botschaften zu formulieren (vgl. ebd., S. 25).
Eine weitere Methode ist das **Doppeln**. Dabei geht der Mediator aus seiner Rolle heraus und spricht für die Medianten, indem er Gefühle und Interessen, die nicht thematisiert werden können bzw. dürfen, ausspricht (vgl. Thomann/Schulz von Thun, 1997, S. 304).
Beispiel: Ein Ehepaar zermürbt sich im Alltag mit unproduktiven Auseinandersetzungen. Er trinkt heimlich, leugnet es aber, zieht sich zurück. Sie spioniert ihm nach und erzählt immer wieder von den negativen Erfahrungen der Vergangenheit.
Der Mediator holt sich die Erlaubnis von Herr H. für ihn zu sprechen und bittet um Korrektur (vgl. ebd., S. 108):

- Mediator (doppelt): *„Weiß du, was mich am meisten hilflos macht, ist, wenn du jedes Mal wissen willst, warum ich eine Flasche gekauft habe. Das weiß ich selbst auch nicht. Und ich verstehe dich, dass das für dich wichtig zu wissen ist, warum ich das tue, weil du dann etwas dagegen unternehmen könntest. Aber das hat mit dir gar nichts zu tun. Du bist dabei nur noch ein verschlimmernder Faktor. Je mehr du mich warum fragst, desto mehr schweige ich, desto weniger Kontakt ist zwischen uns – desto weniger Vertrauen ist zwischen uns"* (vgl. ebd.).

Bei diesem Doppeln kommt heraus, dass die Ursache des Trinkverhaltens nicht klar benannt werden kann. Die Frau erfährt, dass ihr Mann sie nicht ablehnt, sondern dass ihn die Nörgelei stört (vgl. ebd., S. 308).
Eine weitere wesentliche Fähigkeit, die der Mediator besitzen sollte ist Kreativität. Durch geistige Flexibilität und Ideenreichtum kann es dem Mediator gelingen ver-

schiedene Alternativen im Mediationsprozess anzubieten und zu einer „Win-Win Lösung" zu kommen (vgl. Montada/Kals, 2007, S. 159f). Konfliktgegner befinden sich grundsätzlich in einer verfahrenen Situation, in der ihre Wahrnehmung, Bewertung und Gefühle eingeschränkt sind. Flexibilität und Kreativität sind deshalb unverzichtbar für einen Mediator, der in seiner Funktion als Motivierender und Ermutigender, bei den Parteien kreative Sichtweisen und Handlungsmöglichkeiten erwecken will (vgl. ebd.).

Die Funktion des Mediators

Die Aufgabe eines Vermittlers liegt im Besonderen darin, Konfliktparteien zu bekräftigen und zu befähigen ihre eigenen Konflikte zu bearbeiten und variiert je nach Kultur und Sprache.

In der griechischen Antike z.B. war ein Mediator für Versöhnungsversuche bei zerstrittenen Paaren zuständig. Misslangen diese, hatte er die Aufgabe, dem Paar bei der Trennung zu helfen. Gegeben falls musste er sogar als Heiratsagent fungieren und sich bemühen zukünftige bessere Partner zu finden (vgl. ebd., S. 13).

Auch in italienischen Romanen des 17. und 18. Jahrhunderts findet man einen *„mediatore"*, der die Aufgabe hat, als Vermittler in Liebesfragen zu fungieren. Daneben gab es auch den *„Mediatore del Mercato"*, der am Hafen und auf Märkten zur Verfügung stand. Er half Händlern und Kunden sich auf Preise zu einigen (vgl. ebd., S. 14).

Ein plastisches Bild für Mediation bietet die Vorgehensweise des französischen Diplomaten und Politikers La Tuillerie, der 1644 als Mediator bei der Verhandlung zwischen den zwei nordischen Königreichen Schweden und Dänemark auftrat. In seiner Funktion als Mediator stellte er sich in die Mitte der Brücke, die die Grenze zwischen den beiden Ländern darstellte. Die Abgeordneten beider Länder kamen gleichzeitig auf ihn zu. Mediatoren pendelten zwischen den Parteien und nahmen die Vorschläge und Antworten entgegen und gaben sie weiter. La Tuillerie blieb in der Mitte zwischen den Parteien, was dem Bild der Mediation heute noch entspricht (vgl. Duss-von Werdt, 2005, S. 78).

2.3 Grenzen und Abgrenzung in der Mediation

Eine Mediation will faire Lösungen bei Konflikten suchen und Frieden stiften. Mediation kann aber nicht bei allen Konflikte helfen, denn sie hat ihre Grenzen (vgl. Schäffer, 2004, S. 184).

Eine Mediation kann erschwert bzw. unmöglich gemacht werden wenn:

- die Konfliktparteien nicht bereit sind zu kooperieren, d.h. die gemeinsamen verbindlichen Vereinbarungen zu respektieren, die notwendigen Informationen offenzulegen und die unterschiedlichen Einstellungen anzuschauen und zu respektieren (vgl. Montada/Kals, 2007, S. 294).
- die eigene Meinungen als „absolut" angesehen wird wie z.B. bei Fundamentalisten, autoritären Machtmenschen und Fanatikern (vgl. ebd.).
- es um bestimmte Konfliktthemen geht, die mit häuslicher Gewalt und Missbrauch oder Straftatbeständen (bei Mord und Totschlag) zu tun haben. Solche Fälle sind Gegenstand anderer Verfahren, die Sanktionen aussprechen und für Ordnung und Frieden sorgen. Erst danach kann eine Vermittlung im Täter-Opfer Ausgleich (TOA) angeboten werden. Sie ermöglicht ein Zusammenkommen, die Bearbeitung- und Beilegung des Konflikts und eine Vereinbarung über die Wiedergutmachung des entstandenes Schadens (vgl. Schäffer, 2004, S. 185).
- Klärungsbedarf in Grundsatzfragen besteht (z.B. Sollen geistig behinderte Menschen Zugang zu allgemeinbildenden Schulen haben? Soll Abtreibung, Euthanasie oder die homosexuelle Ehe erlaubt sein? (vgl. ebd.).
- eine mangelnde Autonomie der Parteien festgestellt wird (begrenztes Verständnis des Inhalts des Problems). Auch bei Drogenabhängigkeit oder einer psychischen Störung, kann Mediation als Verfahren wenig helfen (vgl. ebd., S. 184).
- Medianten drohen, sich gegenseitig vor Gericht zu ziehen oder den Wunsch haben, dem anderen zu schaden oder sich rächen zu wollen (vgl. Duss-von Werdt, 2008, S. 110).

Ein Mediator trägt selbst die Verantwortung und muss die Entscheidungsfreiheit besitzen, eine Mediation abzulehnen oder abzubrechen. Es gibt bestimmte Bedingungen, die ihn an seine Grenze führen (vgl. Schäffer, 2004, S. 185):

- gegensätzliche ethische Prinzipien, die die Allparteilichkeit verhindern.
- mangelnde Distanz oder fehlendes Vertrauen zu einer Partei, die die Neutralität gefährden.
- mangelnde Methodenkompetenz und fehlende Erfahrungen des Mediators (vgl. ebd.).

Jede Konfliktsituation hat ihre eigene Dynamik und jeder Beteiligte seine Persönlichkeit. Der Mediator wird immer wieder mit neuen Situationen konfrontiert. Je nach Medianten und Gegenstand differenzieren sich die Konflikte. Seine Erfahrungen helfen dem Mediator die eigenen Grenzen und die Grenzen des Mediationsverfahrens anzuerkennen und anzunehmen (vgl. Dulabaum, 2003, S. 185).
Nicht bei jedem Konflikt ist Mediation das Mittel der Wahl. Je nach den spezifischen Anliegen wird ein passender Beratungsansatz ausgewählt. Die Beratungsangebote haben sich in den letzten 50 Jahren stark erweitert und bieten konkrete Hilfen sowohl im privaten wie auch im beruflichen Bereich (vgl. Rimser, 2008, S. 18). Das Mediationsverfahren grenzt sich also von ähnlichen Ansätzen ab, die den steigenden Bedarf an Beratung mit abdecken (vgl. ebd., S. 19). Neben der Mediation gibt es folgende Beratungsangebote:

Mentoring: Das Wissen der Älteren wird den Jüngeren vermittelt. Der *Mentee* wird in der Organisation langfristig betreut. Das Ziel ist, Führungskräfte in einem Betrieb zu fördern. Probleme, die auftauchen, werden in der Regel nur innerhalb der Organisation thematisiert. Der Mentor ist Teil des Unternehmens, deshalb kann er keine Neutralität aufweisen. Die Freiwilligkeit kann nicht gewährleistet werden, da der Mentee verpflichtend im Betrieb anwesend ist (vgl. ebd., S. 25).

Coaching: Als Coaching bezeichnet man eine personenbezogene individuelle Begleitung von Menschen in der Arbeitswelt mit thematischer und zeitlicher Begrenzung. Der Coach hat die Fähigkeiten und die Ressourcen eines Coachee im Blick. Der Prozess basiert auf einer partnerschaftlichen Vorgehensweise und zielt auf eine Leistungssteigerung des Coachees. Er wird motiviert, sein Ziel zu erfassen und sich die Schritte, die dahin führen, zu überlegen. Während des Prozesses vergewissert sich der Coach, dass angeeignetes Wissen und konstruktive Emotionen miteinander einhergehen. Coaching ist Mittel der Wahl, wenn spezielle Führungsaufgaben von einer Führungskraft nicht bewältigt werden können. In einem Coaching können kurzfristige Mittel zur Krisenintervention und längerfristig Maßnahmen zur Führungskräfteentwicklung aufgestellt werden (vgl. Bergner/Vogelauer, 2010, S. 108ff).

Supervision: In der Regel wird üblicherweise mit einem Klienten gearbeitet, der eine Aufgabe, Probleme oder Fragen mitbringt. Supervision kann auch in einer Gruppensitzung geschehen. Verschiedene Aspekte können beleuchtet werden. Die Reflexion der Beratungssitzung zwischen Supervisand und Ratsuchenden, die Untersuchung der eingesetzten Strategien, sowie die Fokussierung in der Supervisionssitzung und das Problem der Projektion und der Übertragung/Gegenübertagung werden angesprochen. Supervisanden werden in ihrer beruflichen Identität stabilisiert und entlastet (vgl. Hawkins/Shohet, 1989, S. 42).

Seelsorge: Die Beratung wird in der Regel nur mit einer Partei vollzogen. Der Ratsuchende bekommt Hilfe und wird in seiner Konfliktsituation begleitet, die einen spirituellen Hintergrund hat (Schuld und Versöhnung sind zentrale Anliegen im Gespräch). In der Suche nach einer Klärung seines spezifischen, psychischen Problems wird er unterstützt. Der Seelsorger hat theologische Kenntnisse (vgl. Schäffer, 2004, S. 153).

Psychotherapie: In einer Therapie werden die Aufarbeitung seelischer Konflikte, die Vergangenheitsbewältigung und die Behandlung psychische Schwankungen mit nur einem Klienten geleistet. Der Therapeut braucht eine staatliche Zulassung (HPG) und hat Erfahrungen mit und eine Ausbildung in der Diagnostik. Die Arbeit mit dem Klienten zielt auf eine Stabilisierung seiner Persönlichkeit und eine Bewältigung intrapersonelle Konflikte (vgl. ebd., S. 152).

Gemeinsamkeiten: Die Haltung aller Berater bei allen Formen der Hilfestellung zeichnet sich durch Empathie, Wertschätzung und Authentizität aus. Dem Klienten wird bei jeder Form der Interaktion (Einzel- und Gruppengespräche) mit einfühlendem Verstehen und mit Akzeptanz begegnet. Im Zentrum steht seine Gedankenwelt, die ohne Bewertung gehört wird. Der Ratsuchende hat die Einsicht, dass er Hilfe braucht und ergreift die Chance, sie in Anspruch zu nehmen. Er trägt die Verantwortung für seine Lösungen und wird in seinem Lernprozess unterstützt (vgl. Rimser, 2008, S. 25).

2.3.1 Überblick über den Ablauf einer Mediation

Mediation ist ein Dienst an Menschen, die es schwierig finden, miteinander zu kommunizieren. Menschen sollen lernen, wieder „Mensch für Menschen“ zu sein (homo homini homo) und sich zu verständigen (vgl. Duss-von Werdt, 2008, S. 111).
Die Mediation geschieht in fünf strukturierten Phasen, die in einer festgelegten Reihenfolge ablaufen. Schritt für Schritt zielt sie auf einen Konsens, den die Konfliktparteien gemeinsam vereinbaren (vgl. Schäffer, 2004, S. 56).

Im Vorfeld der Mediation hat der Mediator in einem Vorgespräch[23], telefonisch oder persönlich, mit dem Medianten schon Kontakt gehabt. Bei diesem Gespräch geht es erst einmal um allgemeine Auskünfte. Der Konflikt und die Zahl der Beteiligten am Konflikt werden benannt. Der Mediator informiert sich über die Motivation der Beteiligten. Es wird über die Finanzen, die Dauer der Sitzung und die Anzahl der Sitzungen gesprochen, wobei letzteres offen bleiben soll. Ort und Termine werden vereinbart. Der Mediator erklärt in Kürze das Mediationsverfahren: die Methoden, die Möglichkeiten und die Grenzen der Mediation. Er klärt die Medianten über seine „allparteiische" Rolle auf. Zum Schluss ruft er die andere Partei an, um alle Informationen weiter zugeben und eine Zustimmung einzuholen (vgl. Schäffer, 2004, S. 71). Sind die Konfliktparteien entschlossen, an einer Mediation teilzunehmen und bereit zu kooperieren, kann der eigentliche Mediationsprozess beginnen.
Bevor die Mediation beginnt, gestaltet der Mediator den Ort des Treffens. Der Mediator sollte darauf achten, dass durch die Wahl des Ortes nicht eine Partei sich bevorzugt oder benachteiligt vorkommt. Der Ort muss neutral gewählt werden (vgl. Fischer/ Reitemeier, 2008. S. 28, 29). Bei der Sitzordnung ist grundsätzlich zu beachten, dass genug Distanz geschaffen wird, um die Gefahr von Handgreiflichkeiten zu vermeiden (vgl. Besemer, 2007, S. 66). Außerdem macht es einen Unterschied, ob Medianten in einem Seminarraum an Tischen, in Reihen oder in U-Form sitzen. Der Mediator achtet auch darauf, dass Visualisierungsmöglichkeiten wie Flipchart oder Präsentationswand zur Verfügung stehen. Für den Mediator sollte ein Moderationskoffer mit Stiften, Kärtchen, Kreppklebeband etc. und für die Medianten sollten Notizblöcke und Stifte bereitstehen (vgl. Schäffer, 2004, S. 72).
Für den Ablauf eine Mediation gibt es verschiedene Modelle, die fünf, sechs oder sieben Phasen vorschlagen. Die folgende Veranschaulichung des „fünf Phasen-Modells" [24] (vgl. ebd., S. 62,63) präsentiert das Kommunikationsmodell von Schäffer und Dulabaum angelehnt an Besemers Phasenmodell.

[23] In der Literatur gibt es verschiedene Modelle und Phasen der Mediation. Je nach Mediator und Schulmodell werden die Mediationsphasen und das Vorgespräch anderes vorgeführt. Im Vorgespräch sollen Mediatoren den äußeren Rahmen feststellen und sich abgrenzen. Der allgemeine Inhalt des Konfliktes wird in dieser Phase nicht diskutiert.

[24] Wer mit wem kommuniziert wird durch die Pfeile angezeigt. Die Stärke des Pfeiles gibt einen Hinweis auf die Gesprächsanteile. In Phase 1 führen die Medianten miteinander kein Gespräch, während sie ab Phase 4 in einem Meinungsaustausch treten.

Phase 1: Einleitung

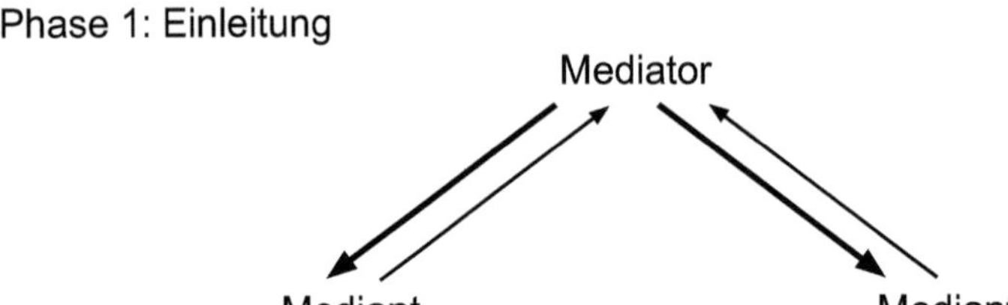

Nach der Begrüßung soll durch *small talk* die Stimmung aufgelockert und die Beziehung zwischen Mediator und den Medianten aufgebaut werden. Weil die Medianten üblicherweise angespannt sind, brauchen sie eine angenehme und angstfreie Atmosphäre. Sie sollen die Möglichkeit bekommen, ihrer Nervosität und Anspannung abzubauen und sich auf das hauptsächliche Thema zu konzentrieren (vgl. Dulabaum, 2003, S. 29) und gemeinsam Lösungsideen zu suchen (vgl. Ballreich/ Glasl, 2007, S. 13).
Der Mediator wiederholt die im Vorgespräch gegebenen Informationen zum Mediationsverfahren und die Möglichkeit eines Abbruchs des Prozesses. Diese gilt für den Mediator wie für die Medianten. Er beschreibt ausführlich seine Rolle und er betont, dass er für den Einigungsprozess verantwortlich ist und nicht für die thematisierten Inhalte und das Ergebnis. Er hat nicht die Rolle eines Rechtsanwalts, Richters oder Schlichters, weil er keine Lösungsvorschläge vorgibt. Er ermutigt die Medianten, die die „Experten des Konflikts" sind, sich auf das Verfahren einzulassen und zu kooperieren, um eigene Vereinbarungen zu finden. Er klärt ausführlich die Gesprächsvereinbarungen, die für den Umgang miteinander während der Mediation erforderlich sind, die wie folgt aussehen (vgl. Schäffer, 2004, S. 75 und Dulabaum, 2003, S. 60):

- Respekt und Toleranz
- Freiwilligkeit
- Kooperationsbereitschaft
- Vertraulichkeit
- Offenheit und Ehrlichkeit
- Wertschätzung

Die erste Phase der Mediation bietet also die Möglichkeit, den Gegenstand der Mediation zu benennen und Fragen zu klären, das Einverständnis über die Regeln zu sichern und die Beziehung zu einander (Mediator zu Medianten und umgekehrt und Medianten

Phase 2: Sichtweise der Konfliktparteien

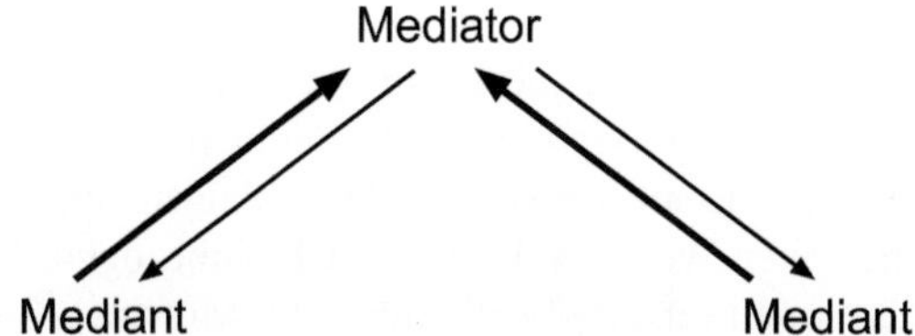

zu einander) zu definieren (vgl. ebd., S. 78 und S. 58).

In dieser Phase bekommen die Medianten Raum und Zeit, ihre Sichtweise des Konflikts nacheinander darzustellen. Sie sprechen mit dem Mediator und während ein Mediant redet, hört der andere zu ohne sich einzumischen. Falls die zuhörende Partei ungeduldig wird, hat sie die Möglichkeit sich Notizen zu machen. Der Mediant schildert was vorgefallen ist, welche Gefühle ausgelöst worden sind, warum der andere Schuld daran hat und was geschehen soll. Es hilft den Medianten ihren Frust abzulassen. Der Mediator unterstützt sie „Ich-Botschaften" zu formulieren und ermutigt sie den Konflikt genau zu definieren. Die emotionalen Anteile gehören genauso in die Darstellung wie die sachlichen. Jeder Mediant bekommt die gleiche Zeit, um sich zu mitteilen. Der Mediator fasst jedes Mal zusammen, was er gehört hat, um sicher zu sein, dass das Gehörte richtig verstanden wurde. Er will die Interessen (Wünsche, Sorgen, Anliegen) herausfinden, die hinter den vertretenden Positionen (bewusste Entscheidungen aufgrund von Interessen) stecken. „Warum?" und „Warum nicht?"

Fragen sind dafür adäquat. Der Mediator sichert immer wieder die Gesprächsvereinbarungen, falls sie nicht respektiert werden. Er bleibt immer in Blickkontakt zu beiden Parteien und baut das Vertrauen zu ihnen auf (vgl. ebd., S. 85 und S. 63).

Phase 3: Konflikterhellung

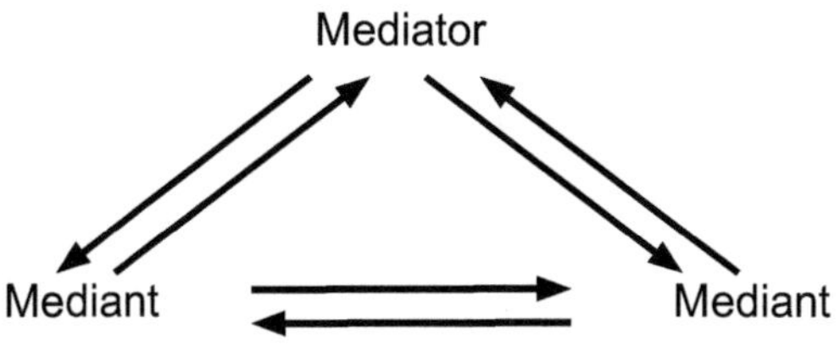

In diesem Teil der Mediation ist die Aufgabe, die Kommunikation zwischen den Parteien zu leiten. Die Medianten werden ermutigt, miteinander respektvoll zu reden und das Problem aus der Sichtweise des anderen zu sehen. Am Beispiel der Haltung des Mediators werden sie lernen aktiv zu zuhören. Im Wechsel werden sie ihre eigenen Interessen und Gefühle, und die des Gegners, die bisher noch nicht thematisiert worden sind, erkennen und benennen. Emotionen (Zorn, Ärger, Angst, Scham), die aufbrechen, werden in einer konstruktiven Weise in das Gespräch einbezogen. Mediator und Medianten werden sie zusammen reflexiv bearbeiten (vgl. Montada/Kals, 2007, S. 245). Die Medianten sollten sich während dieser Phase annähern und vom Mediator wie von der anderen Partei verstanden fühlen. Es muss ihnen klar werden, dass der Versuch die Sichtweise des anderen zu verstehen mit Nachgeben nichts zu tun hat. Stattdessen geht es dabei um mehrere Wahrheiten aus mehreren Perspektiven und um die dahinterliegenden Interessen beider Parteien. Beide werden ermutigt die andere Sichtweise mit eigenen Worten zusammenzufassen. Ein wichtiger Aspekt in dieser Phase ist, die ausgesprochenen Interessen und Wünsche zu visualisieren und sie positiv zu formulieren. Diese intensive Phase ermöglicht den Konfliktgegnern zu Konfliktpartnern zu werden. Eine Zusammenarbeit für die Lösungsfindung kann sich anbahnen (vgl. Schäffer, 2004 S. 86-93 und Dulabaum, 2003, S. 60-62).

Phase 4: Problemlösung

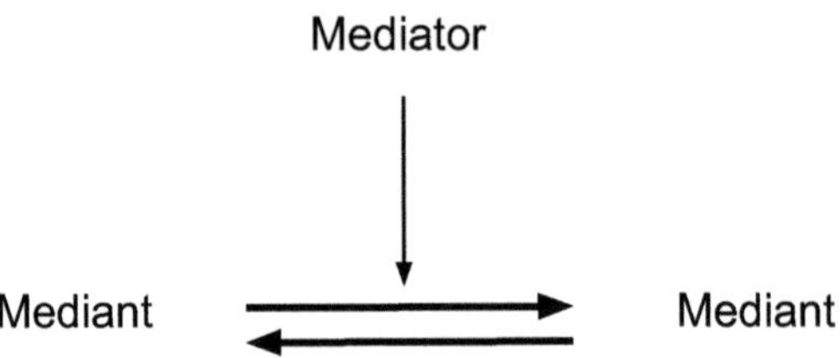

Seit der letzten Phase haben die Medianten verstärkt für einander Verständnis entwickeln können. Sie haben gelernt, sich in die Lage des anderen hineinzuversetzen. Die Gespräche konzentrieren sich ab jetzt auf die Lösungssuche. Mit Hilfe der Brainstorming-Methode werden Ideen und Vorschläge, auch wenn sie unrealistisch erscheinen, gesammelt. Während dieses Prozesses, kann es passieren, dass neue Aspekte des Problems auftauchen. Ist das der Fall, nimmt der Mediator diese Äußerungen wahr, spiegelt sie und fasst sie zusammen, bis sich die Situation geklärt hat. Die Medianten werden immer wieder angeregt, auch selbst wahrzunehmen, was sich bisher schon Positives getan hat. Der Mediator spricht die eine oder andere Partei an, wenn er merkt, dass sie sich in ihrem Denkprozess zurückhält. Sie wird ermutigt das zu sagen, was sie denkt und sich wünscht. Meistens hat sich jetzt schon eine Vertrauensbasis zwischen den Medianten entwickelt, dennoch kann der Weg bis zur Lösung noch schwankend sein, besonders wenn Blockaden nicht überwunden werden können. In diesem Fall kann der Mediator ein Einzelgespräch anbieten (mit der Erlaubnis der anderen Partei, sodass kein Misstrauen entsteht). Diese Notwendigkeit muss von beiden Parteien verstanden werden. Einzelgespräche können auch schon in der vorherigen Phase angeboten werden. Jede Partei kann sie beanspruchen. Sie sind sinnvoll, wenn ein Beteiligter die Notwendigkeit sieht aus Selbstschutz bestimmte Informationen nur an den Mediator weiterzugeben. Die Medianten werden weiter darin unterstützt, ihre Ideen zu konkretisieren und zu Kooperation und Mitwirkung aufgefordert. Teamarbeit ist angesagt. Der Mediator fungiert als Regulator und achtet darauf, dass alle Betroffenen ihre Ideen frei äußern können. Die Optionen werden gesammelt und es wird überprüft, ob sie praktikabel sind und ob sie von beiden Parteien akzeptiert werden können. Optionen werden ergänzt oder auch verworfen, wenn sie nicht durchführbar sind. Wenn eine Partei mit einem „Ja, aber…“ argumentiert, wird sie herausgefordert diese Aussage zu einem „Ja, wenn…“ umzuändern. Dieses Reframing schafft dann eine kleine Brücke, über die doch noch eine Einigung zustande kommen kann. Die Gefahr Kompromisse oder Zugeständnisse zu schnell zu machen, erfordert von dem Mediator hohe Wachsamkeit. In dieser Phase ist es am wahrscheinlichsten, dass der Prozess abgebrochen wird. Kommt es zu einem Abbruch der Mediation, haben die Medianten dennoch gelernt, anders miteinander zu reden und die eigenen Interessen und Emotionen wie auch die des Gegners zu achten. Sie haben einiges erreicht. Der Konflikt ist deeskaliert. Der Mediator fasst das Erreichte noch einmal zusammen und macht Mut für die Zukunft (vgl. ebd., S. 94-105 und S. 61-66).

Phase 5: Vereinbarung

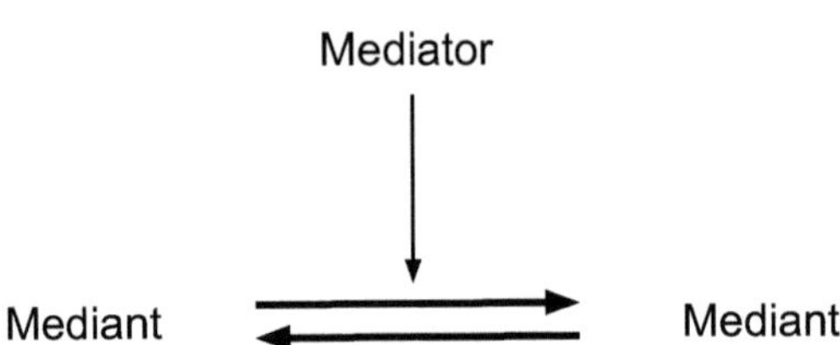

In dieser Phase werden die besten Lösungen, die die Medianten erarbeitet haben, aufgelistet. Es wird geprüft, ob die Wünsche aller Parteien einbezogen worden sind und ob das festgelegte Ziel wirklich akzeptiert wird. Die Medianten haben sich angenähert, können miteinander reden und haben Lösungen gefunden. Alle sind motiviert, die festgelegten Ziele zu verfolgen. Da es im Alltag aber zu Widerständen kommen kann, werden in dieser Phase eventuelle Hindernisse und Probleme bei der Umsetzung angesprochen. Eine effiziente Methode dafür ist das *„Best Case/Worst Case-Szenario"*. Dabei gilt es zu überlegen, was im schlimmsten Fall passieren könnte (*worst Case*), nachdem die Vereinbarung in der Begeisterung der Gefühle (*best case*), festgelegt wurde. Es kann sein, dass danach neue Überlegungen notwendig sind und die schon festgelegten Vereinbarungen geändert werden müssen (vgl. Schäffer, 2004, S. 110). Die Vereinbarungen müssen spezifisch, messbar, erreichbar, realistisch und konkret sein (***SMART***: ***S***pecific, ***M***easuarable, ***A***chivable, ***R***ealistic, ***T***angible) (vgl. ebd., S. 111 zitiert nach Hyrum W. Smith).

Nachdem das Resultat von allen Beteiligten überprüft und akzeptiert wurde, werden die vereinbarten Ziele in einem Text formuliert. Erst wenn alle Parteien einverstanden sind, wird der Text von allen, dem Mediator und den Medianten, unterzeichnet (vgl. ebd.).

Der Mediator hat die Freiheit Aspekte der Entschuldigung und/oder Versöhnung anzusprechen, wenn er spürt, dass eine Bereitschaft dafür da ist. Die Medianten haben einen langen Weg hinter sich und auch noch vor sich. Durch die einfache Frage „Gib es noch etwas, dass sie sagen möchten?" kann der Wunsch eine Entschuldigung auszusprechen, bei den Beteiligten, ausgelöst werden (vgl. ebd., S. 114).

Am Ende dieser Phase bedankt sich der Mediator für die konstruktive Zusammenarbeit und durch eine symbolische Abschlussgeste (Handschlag) wird das Ende der Mediation besiegelt (vgl. Schäffer, 2004, S. 113 und Dulabaum, 2003, S. 67).

Der Mediator bietet einen Nachgesprächstermin oder eine Telefonrückmeldung an, um sich über die Umsetzungsphase zu erkundigen. Hierbei wird entweder das Funktionieren der Vereinbarung bestätigt oder sie wird verbessert und den Gegebenheiten angepasst (vgl. ebd.).

Fazit

Wichtig in der Mediation sind faire und objektive Entscheidungskriterien, die eine Lösungssuche und Lösungsauswahl akzeptiert machen.
Während des ganzen Prozesses, bemüht sich der Mediator immer wieder, unterschiedliche Interessen und Positionen gleichwertig zu behandeln ohne Druck und Manipulation auszuüben. Er bleibt vigilant in der Art und Weise, wie er mit den Medianten umgeht. Die Medianten werden immer wieder motiviert in kritischen Situationen durchzuhalten. Ihnen wird mitgeteilt, dass sie ihre Zukunft im Griff haben werden und dass sie Gestalter ihres Lebens sind.

3
Mediation als Konfliktlösungsstrategie im kirchlichen Bereich

Menschen müssen mit Konflikten leben. Nirgendwo können sie ausgeschlossen werden (vgl. Besemer, 2007, S. 47), d.h. auch im kirchlichen Rahmen treten sie auf.
Die Bibel als Ursprung des christlichen Glaubens verfügt über zahlreiche Geschichten, in denen Konflikte auftreten. Hier einige Beispiele aus dem Alten Testament (vgl. Mattioli, 2007, S. 15):

> In der Urgeschichte wird an vielen Stellen vom Streit berichtet u.a. zwischen *Kain und Abel*[25], *Abraham und Lot*[26], *Jakob und Esau*[27], *Josef und seinen Brüdern*[28], *David und Uria*[29], *Petrus und Paulus*[30] (vgl. Mattioli, 2007, S. 16).

Es ging um Neid, um Land und Lebensgrundlagen, um Erbschaft und Schwindel, um Bevorzugung und Karriere, um Hunger und Resignation, um Männeransprüche und Frauenpower, um Sexualität, um Gebet und Glaubenüberzeugungen. Die Lösungen fielen unterschiedlich aus: Mord, Trennung, Flucht, Versöhnung, neue Arbeitsteilung.
Auch die Gemeinden im Neuen Testament waren von Konflikten nicht verschont, z.B. ermahnt Paulus die Christen in Korinth sich nicht in Splittergruppen aufzuspalten und unterschiedlichen Leitern zu folgen, sondern als Einheit zu fungieren[31] (vgl. ebd.).
Weil Konflikte ein Teil des Zusammenlebens der Christen waren und sind, war es nötig dass Jesus, Paulus und viele andere Leiter die Christen immer wieder lehrten, wie sie mit Konflikte umgehen sollten, um friedlich miteinander leben zu können. Jesus selbst segnet die Friedenstifter[32].
Bei allen Konflikten, die ehrlich in der Bibel beschrieben werden, finden wir auch Schilderungen, die die funktionierende Gemeinschaft und Einigkeit der Christen zeigen. So bezeichnet Lukas eine Gruppe von Christen als *„betende Gemeinde"*[33] und fügt hinzu, dass sie *„ein Herz und eine Seele"*[34] waren (vgl. ebd.).
Die christliche Prägung vieler Menschen zeigt, dass ihnen unter Bezug auf die vorherige Stelle beigebracht wurde, dass Streit unter Christen nicht sein darf. „Ein Herz und eine Seele zu sein" löst sicherlich eine Sehnsucht nach Harmonie, Verständnis und Gemeinsamkeit aus, ist aber ein unrealistischer Zustand für eine längere Dauer. Die Jünger hatten diesen Zustand erlebt, trotzdem mussten auch sie Streit und Differenzen erdulden (vgl. Schäffer, 2001, S.1).

Alle Bibelstellen werden aus der Einheitsübersetzung zitiert.

[25] Genesis 4, 1-16
[26] Genesis 13, 1-12
[27] Genesis 27-33
[28] Genesis 37 und 39-47
[29] 2. Samuel 11
[30] Apostelgeschichte 15
[31] 1. Korinther 1,10-12
[32] Matthäus 5,9
[33] Apostelgeschichte 1,14
[34] Apostelgeschichte 4,32

Jesus Verhalten zeigt immer wieder, dass es ihm wichtig war, schwierige Situationen zu klären anstatt sie zu ignorieren und dass er Konflikte nicht scheute. Er stellte vieles in Frage und provozierte dadurch viele Menschen. Er vermied keine harten Auseinandersetzungen. Folgende Bibelstellen weisen auf sein Handeln und seine Lehre hin (vgl. Mattioli, 2007, S. 16):

Die Heilung des Gelähmten (Markus 2, 1-2)
Die Heilung eines Mannes am Sabbat (Markus 3, 1-6)
Die Begegnung Jesus mit der Sünderin (Lukas 7, 36-50).
Die Tempelreinigung (Matthäus 21,12 und Markus 11, 15-17)

Jesus hat Menschen mit ihren alten Verhaltensmustern konfrontiert. Manche Menschen akzeptierten die von ihm geforderten, notwendigen Veränderungen nicht, andere ließen sich darauf ein. Sie begriffen, dass ihr Umgang mit sich selbst und mit der Gesellschaft sich verändern musste, wenn sie mit ihm in eine neue Zeit gehen wollt. Jede Veränderung, auch positive Weiterentwicklungen, bringen im Normalfall Konflikte mit sich. Die Menschen müssen also lernen, dass beides seine Berechtigung hat: „Krieg“ und „Frieden“ (vgl. Mattioli, 2007, S. 16):

Alles hat seine Stunde. Für jedes Geschehen unter dem Himmel gibt es eine bestimmte Zeit: [...] eine Zeit für den Krieg und eine Zeit für den Frieden .(Kohelet 3,7)

In der Phase der Konfliktbewältigung haben die Apostel die Gemeinde immer wieder aufgefordert, das Wohl aller zu suchen, wie es in einer mediativen einvernehmlichen „Win-Win-Lösung“ der Fall ist (vgl. Mattioli, 2007, S. 17):

[...] Jeder achte nicht nur auf das eigene Wohl, sondern auch auf das der anderen. (Philipper 2, 4)

[...] vergeltet nicht Böses mit Bösem noch Kränkung mit Kränkung. [...] Wer das Leben liebt und gute Tage zu sehen wünscht [...] der meide das Böse und tue das Gute, er suche Frieden und jage ihm nach. (1. Petrus 3, 8-11)

Eine der Kernbotschaften im Alten, wie im Neuen Testament ist der Aufruf zur Umkehr.

„Jesus verkündete das Evangelium Gottes: Die Zeit ist erfüllt, das Reich Gottes ist nahe. Kehrt um, und glaubt an das Evangelium. (Markus 1,14)

Die Umkehr ist zunächst einmal die Hinwendung zu Gott, der zur gegenseitigen Vergebung führt. Umkehr ist in den eigenverantwortlichen Willen des Menschen gestellt. In der Mediation kann Umkehr zu einer Umgestaltung, einer Abkehr von bisherigen Denkmustern führen (vgl. Mattioli, 2007, S. 18). Medianten wird also geholfen, zum

Perspektivwechsel zu gelangen und sich in die Bedürfnisse und Interessen ihres Gegners hineinzuversetzen (Empathie) (vgl. ebd., S. 21). Dies erleichtert die Umsetzung des Vergebens- und Versöhnungs-Aspektes.
Umkehr ist meist also die Folge und auch das Ziel mediativen Handelns. Umkehr beginnt mit der bewussten Entscheidung, dass ein neuer Weg beschritten werden soll. Dafür bekommt der Mensch die nötige Kraft durch das Wirken Gottes (vgl. ebd., S. 17).
Neben der Umkehr, gehören auch die Vergebung und die Versöhnung zu den Kernthemen des christlichen Glaubens. Diese beiden Vorgehensweisen werden auch in Therapien im außerkirchlichen Bereich angeboten, weil es sich gezeigt hat, dass Vergebung ein befriedigendes Zusammenleben von Menschen fördert und der seelischen Lebensbewältigung dient.
Während Vergebung hier als Ergebnis linearer menschlicher Verständigung (Mensch-Mensch) gesehen wird, findet im christlichen Glauben Vergebung in einer Dreiecksbeziehung statt (Mensch-Mensch-Gott) (vgl. ebd.):
„Vergib uns unsere Schuld, wie auch wir vergeben unseren Schuldigern“. (Matthäus 6, 12 und Lukas 11,4)

Vergebung kann als Prozess der Bewältigung von Gefühlen der Wut und Bitterkeit verstanden werden.
Im kirchlichen Bereich besteht oft die Gefahr des „Vergeben müssens“. Um eine Trennung der Gemeinschaft zu vermeiden, wird zu einer schnellen Vergebung gedrängt. Die unangenehmen Gefühle sollen dem Gegenüber nicht geäußert werden. Dabei kommt es zu einer Bagatellisierung von Verletzungen, Schmerzen oder Erniedrigungen, die verkennt, dass die seelischen Belastungen schwerwiegen. Das innere Leiden ohne Bewältigungsstrategien bewirkt im verletzten Menschen den heimlichen Wunsch nach Rache. Er sucht Wege, den anderen zu verletzen (vgl. Tausch, 1993, S. 23).
Vergebung kann erleichtert werden, wenn die Kontrahenten sich mit dem Geschehen, den eigenen Gefühlen und Urteilen, dem eigenen Standpunkt und Verhalten, auseinandersetzen. In der Mediation werden sie unterstützt ihre subjektive Sichtweise zu äußern und es wird darauf hingewiesen, dass es einen guten Grund gibt, warum die Medianten Aspekte unterschiedlich sehen (vgl. Mattioli, 2007, S. 26).
Vergebung ist eine schwere und schmerzhafte Arbeit. Das Erkennen, dass die Verletzung ein Unrecht darstellt und auch Unrecht bleiben wird, hält üblicherweise einen Menschen davon ab, Vergebung auszusprechen. Die Erinnerungen an die seelischen Verletzungen halten ihn gefangen. Einerseits sehnt er sich nach einem befreiten Leben,

anderseits befürchtet er, sein Recht auf Wut und andere destruktive Gefühle aufgeben zu müssen, wenn er vergibt (vgl. Mattioli, 2007, S. 28). In der Tat bedeutet Vergebung, dem Täter etwas zu „geben", durch das sich die Beziehung zwischen den Medianten verändert. Der vergebende Mensch demonstriert dem anderen gegenüber Gnade, die er nicht verdient hat (vgl. Enright, 2006, S. 33).

Vergebung braucht Zeit, denn der Konflikt hat Spuren der Herabsetzung hinterlassen und braucht Bearbeitungszeit (vgl. Scheibel, 2006, S. 303). Ehe ein Mensch Vergebung als Lösungsmöglichkeit in Erwägung zieht, belastet er andere dadurch, dass er Vorwürfe ausspricht für das, was ihm angetan wurde oder er klagt sich selber wegen gemachter Fehler an und fühlt sich schuldig. Gefühle von Hass, Bitterkeit, Ablehnung und Spannungen gehen auf Kosten seiner seelischen Gesundheit (vgl. Tausch, 1993, S. 20). Enright postuliert, dass Menschen, Personen, die sie verletzt haben und denen sie nicht vergeben können, in einer Art emotionalem Gefängnis halten. Solange sie ihre Wut und Bitterkeit pflegen, haben sie den Eindruck Wächter, über diese andere Person zu sein und in diesem Sinn, Macht über den anderen zu besitzen. Im Laufe der Zeit merken sie aber, dass sie sich in ihrem eigenen emotionalen Gefängnis befinden und dass sie in ihrem Gefühlsleben mehr beeinträchtigt sind als dass sie das Gefühlsleben des Täters beeinträchtigen (vgl. Enright, 2006, S. 28). All diese Prozesse sind nicht kurzzeitig herbeizuführen, sondern benötigen Zeit, um nachhaltig zu sein.

Vergebung wächst aus der Einsicht, dass das eigene Fehlverhalten anerkannt wird. Das Ereignis wird wahrgenommen und der Mediant erinnert sich daran ohne sich selbst zu verurteilen oder negativ zu bewerten. Im Prozess des Vergebens entsteht ein Weg, der dem Menschen die Chance zum Wachsen seines Selbstwertgefühls und seiner Selbstachtung gibt und ihn in die Lage versetzt, mit anderen versöhnt zu leben. Dabei lernt er die Verluste, Stressbelastungen und seelischen Verletzungen zu bewältigen und anderen Menschen seelische Entlastung zu ermöglichen. Der innere Wunsch nach Harmonie mit sich selbst und den anderen wirkt hierbei wie ein Verstärker für das Vergeben (vgl. Mattioli, 2007, S. 18).

Eine Folge der Vergebung ist innere Heilung. Der Mensch, der vergeben will, denkt bewusster über seine eigene Unzulänglichkeit nach und forscht nach, was er selbst zum Konflikt beigetragen hat. Dies führt zur Wahrnehmung einer anderen Wirklichkeit, in der eigene Fehler, die falsche Beurteilungen und die Verweigerung des Vergebens ein-

gesehen werden. Diese Einsicht erweist sich als hilfreich, um sich selbst und anderen vergeben zu können und um Verständnis für das Verhalten des anderen zu entwickeln. Die Vergebung bewirkt eine Motivation sich zu ändern und sich nicht als Richter über andere zu stellen (vgl. ebd., S. 24). Der Mensch kann innerlich heil werden.
Die Bereitschaft Sünde/Schuld zu erkennen, auszusprechen und zu vergeben, bereitet den Weg der Versöhnung. Sie bedeutet, sich von dem Konflikt zu distanzieren, den Inhalt des Konfliktes loszulassen, um einen neuen Anfang zu wagen und Frieden zu stiften (vgl. Häberle, 2010, S. 5). Der Begriff „Versöhnung" steht in der Mediation für Verständigung (auf Englisch: reconciliation, also ein „Zusammenbringen" von Konfliktparteien) (vgl. Mattioli, 2007, S. 20). Sich zu versöhnen bedeutet, eine vertrauensvolle Verbindung herzustellen und eine Trennung zu verhindern. Versöhnung bedeutet, dass die Beziehung wieder gelebt wird. Eine neue Zuneigung entsteht und Neues kann gestaltet werden.
Die Begegnung zwischen Konfliktgegnern ist eine Voraussetzung für die Versöhnung. Der Weg dahin setzt voraus, dass sich einer auf dem Weg macht.
Die Bergpredigt[35] weist darauf hin:

> *„Wenn du deine Opfergabe zum Altar bringst und dir dabei einfällt, dass dein Bruder etwas gegen dich hat, so lass deine Gabe dort vor dem Altar liegen; geh und versöhne dich zuerst mit deinem Bruder, dann komm und opfere deine Gabe. Schließ ohne Zögern Frieden mit deinem Gegner, solange du mit ihm noch auf dem Weg zum Gericht bist."*

Der frühere israelische Ministerpräsident Shimon Peres hat sich diese biblische Aufforderung zu Eigen gemacht. Auf die Frage eines Reporters, ob es ihm nicht zuwider sei, einem Menschen wie Yassir Arafat die Hand zu schütteln, der für den Tod so vieler Israelis verantwortlich sei, antwortete er mit folgenden Satz: „Mit wem soll man denn Frieden schließen, wenn nicht mit seinen Feinden?" Damit gehört er zu denen die den ersten Schritt wagen (vgl. Berner, 2006, S. 1).
Beratungen für Vergebung und Versöhnung im Rahmen der Mediation werden von vereinzelten Stellen, in besonderer Weise aber von der Vermittlungsstelle der Diözese Rottenburg-Stuttgart angeboten (vgl. Mattioli, 2007, S. 79). Ihre Sicht der Mediation verdeutlicht folgendes Zitat:

> *„Mediation spricht eine ethische Dimension an, die mit dem biblischen Menschenbild gut vereinbar ist. Gottes Geist wirkt in jedem Menschen und ist lebendig*

[35]Matthäus 5, 1-12.

in zwischenmenschlichen Beziehungen. Individuelle Erfahrungen von Scheitern, Versagen, Verlust gehören zum menschlichen Leben. Sie können gewissermaßen als Stolpersteine Anlass geben, sich neu zu orientieren, neue Erfahrungen zu machen, sich zu entwickeln. Bei viele Betroffenen lösen krisenhafte Situationen grundsätzliche Fragen nach dem Sinn und dem ‚Warum' aus. Häufig sind diese Situationen verbunden mit Konflikten, die mit weiteren Personen auszutragen sind." (vgl. ebd.).

3.1 Anwendung der Mediation im kirchlichen Bereich

Wie im vorigen Kapitel erwähnt, berichtet die Bibel über viele Konflikte. Verschiedene Textstellen geben Rat zur informellen, außergerichtlichen Konfliktbeilegung durch Dritte. Paulus empfiehlt der zerstrittenen christlichen Gemeinde in Korinth, ihre Streitigkeiten nicht vor das weltliche Gericht zu bringen, sondern die Hilfe eines Weisers in der Gemeinde, der schlichten sollte,[36] einzubeziehen (vgl. Besemer, 2007, S. 47).
Eine Methode zum Friedenstiften wird im Matthäus-Evangelium[37] von Jesus empfohlen. Es sollen einen oder zwei unbeteiligte Personen hinzugezogen werden, wenn die Übertretung einer Vorschrift nicht im direkten Gespräch bereinigt werden kann (vgl. ebd.).
Im kirchlichen Bereich war im Mittelalter der Schweizer Niklaus von Flüe (1417-1487) ein bekannter Konfliktvermittler, der als persönlicher Ratgeber und als Friedenstifter sehr gefragt war. Er lebte als Einsiedler in der Nähe seiner Heimat. Seine Frömmigkeit und sein Sachverstand überzeugten die Eidgenossen, dem Frieden zwischen Menschen nachzueifern. Er brachte zerstrittene Eidgenossen dazu, an den Verhandlungstisch zu kommen und ließ sie dort eine Lösung finden. Beides, eigener Sachverstand und Gottes Weisheit, waren gefordert, um die Kontrahenten zu einer Lösung zu führen. Von Flüe hatte diesen Anspruch beide Welten miteinander zu verbinden, die sichtbare Welt der Dinge und Menschen und die unsichtbare Welt Gottes. Schon als Richter hatte von Flüe erfahren, was zum Frieden führt. Er war der Überzeugung, dass Menschen zuerst *aufeinander hören* sollten. Das heißt, dass Anliegen und Sorgen des Gegenübers, seine Verletzungen und Träume angehört und aufgenommen werden sollten. Dann folgt das „Einander gehorchen" d. h. dem Gegner einen Schritt entgegenzugehen, mit ihm ins

[36] 1. Korintherbrief Kap. 6, 1-5.

[37] Matthäus Kap.18, 15-17.

Gespräch zu kommen und nach einer Lösung zu suchen und dabei „miteinander im Dialog zu bleiben“. „Einander gehorchen“ bedeutet, sich dem anderen zuzuwenden. Dies stand im drastischen Gegensatz zum landesüblichen Verhalten der Eidgenossen. Diese lösten Probleme lieber mit Piken als mit Verhandlungen. Und die Landsknechte trugen ihr raues Gehabe oft auch in die Familien hinein, indem sie ihre Angehörigen schlugen. Mit der Regel vom „Einander gehorchen“ gründete von Flüe einen neuen Umgangsstil im kirchlichen, im familiären und ebenfalls eine neue Kultur im politischen Bereich (vgl. Kaiser, 2002, S. 65 und Hemleben, 1977, S. 122ff und 223).
Wie bei von Flüe spielt auch im Mediationsprozess das **gegenseitliche Zuhören**, um einander zu verstehen, eine wichtige Rolle. Zuhören führt zu einem Weisheitsgewinn, wie im Buch der Sprüche festgestellt wird (vgl. Mattioli, 2007, S. 23):

„Wer weise ist, der höre zu und wachse an Weisheit“. (Sprüche 1,5)

Auch im Buch des Weisheitslehrers Jesus Sirach wird empfohlen, folgende Kommunikationsregel zu nutzen:

„Sei schnell bereit zum Hören, aber bedächtig bei der Antwort“. (Jes Sir 5,11)

Das „Zuhören“ ist bis heute einer der zentralsten Aspekte in der Mediation.
Für die Anwendung der Mediation im kirchlichen Bereich in der heutigen Zeit ist das Metakonzept von Dieterich sehr hilfreich. Er entwickelte das Veränderungsmodell der Allgemeinen Beratung, Psychotherapie und Seelsorge (ABPS). Der Mensch befindet sich in einem Ist-Zustand und soll mit Hilfe eines Dritte zum erwünschten Soll-Zustand begleitet werden. Sein Modell gibt einen Überblick über die unterschiedlichen Aspekte, die einen Menschen beeinflussen und empfiehlt eine Vorgehensweise, wie Veränderungen einzuleiten sind. So können Konflikte bewältigt und gelöst werden.
Alle Teile des ABPS Modells sind wichtig für eine Genesung. Jede Komponente repräsentiert Elemente von verschiedenen psychotherapeutischen Schulen, die alle auf eine Veränderung des Menschen zielen. Diese Veränderung geschieht grundsätzlich durch einen Lernprozess, der durch Umdenken, Konditionieren und Modelllernen ausgelöst wird (vgl. Dieterich, 2001, S. 141).
Um bei der Konfliktbewältigung zu helfen, kann der Mediator unter Berücksichtigung des obigen Modells folgendermasse vorgehen:

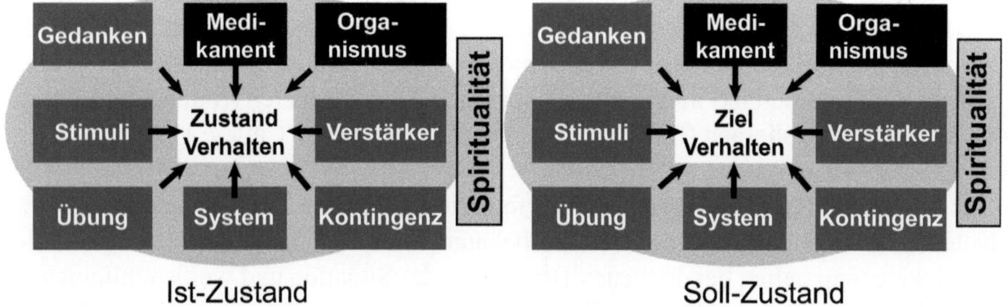

Abbildung 13: Veränderungsmodell der ABPS Konzept von Dietrich.

Zunächst wird in einer Diagnose der gesamte **„Ist-Zustand"** des Medianten erfasst (vgl. Dieterich, 2001, S. 139). Zeit für die Diagnose findet der Mediator in den Phasen 2 und 3 des Mediationsablaufs (siehe dazu Kapitel 2, S. 73,74). In die Exploration wird viel Zeit investiert, da dies die Chance, eine dauerhafte Lösung zu finden, erhöht (vgl. Pesendorfer, 2005, S. 271). Auf Grund der verschiedenen Persönlichkeitsstrukturen befinden sich die Medianten auf verschiedenen Stufen. Der Mediator nimmt die verschiedenen Aspekte der Persönlichkeit wahr und erkundigt sich

- nach dem gesundheitlichen Zustand der Medianten. Vorliegende Krankheiten und Medikamenteneinnahme werden abgeklärt, soweit die Medianten es zu lassen (im Einzelgespräch möglich) (vgl. ebd.). Bestimmte Medikamente wirken auf die Gehirnchemie und können die Kooperation der Betroffenen beeinflussen. Als Nebenwirkung von Psychopharmaka können Müdigkeit und Konzentrationsschwierigkeiten ausgelöst werden (vgl. Dieterich, 2009, S. 56).
- nach welchem automatisierten negativen Gedanken- und Verhaltensmuster die Medianten reagieren. Auslöser von bestimmten Mustern, die auf Konditionierungsprozesse zurückgehen, können aufgedeckt werden.
- nach dem Einfluss der Beziehungen (Familie, christliche Gemeinschaft und Freundeskreis) und seiner Spiritualität, die ihn prägen.

Damit niemand überfordert wird, nimmt der Mediator Rücksicht auf die individuellen Gegebenheiten der Medianten. Der Weg zum „Soll-Zustand" kann erst beschritten werden, wenn alle wichtigen Informationen gesammelt wurden.
Der Mediationsprozess ist eine Herausforderung für die Medianten, da sie selbst etwas tun müssen, um Veränderungen herbeizuführen. Neue Ziele werden definiert, Ressour-

cen entdeckt und aktiviert und Bewältigungsstrategien entfaltet. Eine Neubewertung des Konfliktes befähigt sie, vorher unentdeckte Handlungsmöglichkeiten zu sehen, die sie durch unterschiedliche Arten von Lernen erreichen können: ein Lernen durch klassisches Konditionieren (Pawlow) durch operantes Konditionieren (Skinner und Thorndike), durch Modellernen (Bandura) und durch Einsicht (vgl. Culley, 1991, S. 147).

Das klassische Konditionieren ist als erfolgreiche Methode zur Veränderung des Verhaltens, der Gedanken und der Gefühle bekannt. Eine Gegenkonditionierung und der Gedankenstopp helfen bei der neuen Bewertung der Situation und werden miteinander in Verbindung gebracht. Eine konditionierte Reaktion automatisiert sich, je öfter die Methoden eingesetzt werden. Die Medianten entscheiden sich die Kontinuität dieser Übung zu wahren, d.h., dass die Konfliktparteien die Gedanken an die negativen Ereignisse des Konfliktes permanent stoppen und sie durch die Gedanken der Lösung des Konfliktes kontinuierlich ersetzen. So können sie Verantwortung für ihre Gedanken übernehmen (vgl. ebd.).
Die Medianten werden intensiv animiert neue Gedanken und Verhaltensweisen umzusetzen, die der Mediator verstärkt, indem er konsequent belohnt (Lob, Anerkennung). Genau wie die klassische Konditionierung zielt die **operante Konditionierung** darauf, den unerwünschten „Ist-Zustand“ in den „Soll-Zustand“ zu überführen (vgl. ebd., S. 151).

Das Lernen durch **Einsicht**, Diskussionen und das Einbeziehen in Entscheidungen, begleitet die Medianten auf dem Weg der Veränderung. Das kognitive Lernen, gewonnen durch Nachdenken und Verstehen, erleichtert die Übertragung auf andere Situationen im Alltag (vgl. ebd., S. 152).

Ein **unterstützendes Netzwerk** verhindert das Scheitern der Umsetzung von notwendigen Veränderungen. Je mehr die Medianten die erlernten Kommunikationsmethoden üben, desto mehr Fortschritte machen sie. Die neuen Kommunikationsmuster bleiben nur dann stabil, wenn sie im Alltag eingebracht und von positiven Erfahrungen begleitet werden (vgl. ebd.). Durch die Kontingenz wird die Entropievergrößerung vermindert. Der Mediator fungiert als Modell, das als lebendiges Vorbild für die Medianten dient. Seine Haltung, sein Handeln, seine Spiritualität und die Fertigkeiten, die er entwickelt hat und im Mediationsgespräch einsetzt, zeigen den Medianten wie Lösungen erreicht werden können. Mit seiner Hilfe, haben sie neue Erkenntnisse gewonnen, die sie für

die Problemlösung anwenden können (vgl. ebd., S. 153). Die Medianten haben neue Fertigkeiten entwickelt. Sie haben gelernt, neue Gesprächsformen zu nutzen, sie trauen sich, ihre Sichtweise zu verdeutlichen, sie fühlen sich autonomer, um schwierige Situationen zu bewältigen (vgl. ebd., S. 158). Rückmeldungen werden immer wieder nötig sein, um das Üben der neuen Erkenntnisse zu festigen. Konsequente Verstärkung ist erforderlich, um das Ziel zu erreichen (vgl. Dieterich, 2009, S. 91).
Der im ABPS Konzept grün gekennzeichnete Bereich stellt die Spiritualität dar. Alle oben beschriebenen Komponenten stehen im Bezug zur Transzendenz, die jedes einzelne Element beeinflusst und deswegen grundsätzlich mitberücksichtigt werden sollte.

Fazit

Das ABPS Veränderungsmodell weist auf individuelle psychische, somatische und spirituelle Zustände hin, die miteinander interagieren und verändert werden können. Den Medianten im kirchlichen Bereich, sollte geholfen werden, nicht nur den spirituellen Aspekt in einem Konflikt zu betrachten (indem sie ausschließlich nach Sünde als Grund des Konfliktes suchen), sondern sich gemeinsam über Differenzen des Denkens, Fühlens und Verhaltens auseinanderzusetzen und sinnvolle und realistische Überwältigungsstrategien zu erarbeiten.
Das Mediationsverfahren gibt den Medianten die Chance, Konfliktkompetenzen durch Lernprozesse zu entwickeln. Es handelt sich nicht um angeborene Kompetenzen, stattdessen müssen sie erworben und immer wieder geübt werden. Eine Veränderung geschieht also durch konkrete Schritte in Richtung Ziel und durch die Kraft Gottes, die bei der Umsetzung hilft[38].

3.2 Konflikte innerhalb der Kirchengemeinden verstehen

Christliche Gemeinden, als Orte lebendiger Vielfalt, entfalten sich durch die Bereitschaft der ehrenamtlichen wie hauptamtlichen Mitarbeiter mitzuwirken (vgl. Hartmann, S. 3). Es treffen viele Menschen mit verschiedenen Erwartungen, unterschiedlichen Wünschen und gegensätzlichen Persönlichkeitsstrukturen aufeinander (vgl. Häberle, 2010, S. 1).
Konflikte werden oft erst wahrgenommen, wenn etwas passiert, z.B. wenn Menschen

[38] Philipper 2, 13

aneinandergeraten, wenn einer die Gemeinde verlässt, die Stelle wechseln will oder das Amt aufgibt, wenn gedroht wird vor Gericht zu gehen oder ein Ruf geschädigt wird (vgl. Hermann, 2012, S. 2). Der Vorfall wird meistens bearbeitet, aber die Ursache des Konfliktes bleibt unentdeckt. Da Konflikte bedrohlich und unangenehm wirken, werden sie ignoriert (vgl. Schäf-fer, 2001, S. 2). Der Umgang mit Konflikten in den Kirchengemeinden ist durch das Gebot der Nächstenlieben geprägt. Die Vorstellung von einer „Einheit der Geschwister im Herrn“ bestimmt die Beziehungen. Die Überzeugung, dass Konflikte Zeichen für eine schlechte Beziehung sind, ist fest verankert (vgl. Hartmann, 2012, S. 17). Sie führt dazu, zu glauben, es sei böse jemanden anzugreifen, es sei schlecht, anders zu sein, Ansprüche zu stellen und es sei gut, unschuldig und ohnmächtig zu bleiben (vgl. Klessmann, 1992, S. 102). Es besteht die Gefahr, bei einem erneuten Konflikt, den vorherigen wieder zu wecken. Dieses Harmoniebedürfnis in der kirchlicher Umgebung erschwert einen konstruktiven Umgang mit Konflikten (vgl. Mattioli, 2007, S. 52).

Die anerkannte Hilfe von institutionalisierten Methoden wie Supervision und Gemeindeberatung erweisen sich als effektiv bei der Beilegung von Konflikten und müssen nicht als Konkurrenz zur Mediation verstanden werden. Diese Behandlungsweisen sind bei Problemen und leichten Auseinandersetzungen empfehlenswert. Bei komplizierten und verstrickten Problemen aber sollte eine Mediation angeboten werden (vgl. Hartmann, 2012, S. 17). Die Voraussetzung für eine Konfliktbewältigung ist das Eingeständnis, dass Konflikte vorhanden sind, die eine aktive Mitarbeit von den Konfliktgegnern fordern (vgl. Mattioli, 2007, S. 71). Konflikte bringen diverse emotionale Zustände mit sich, z.B. Ohnmachtsgefühle, Einschüchterung oder cholerische, destruktive Emotionen. Diese rufen Verunsicherung, Spannungen und Ängste hervor (vgl. Hermann, 2012, S. 2).

3.3 Untersuchung zu Konflikten in Freikirchen und Landeskirchen

Im Rahmen dieser Arbeit sollte untersucht werden wie Menschen im kirchlichen Bereich mit Konflikten umgehen und sie lösen.

Anhand der Umfragen in freikirchlichen Gemeinden und Landeskirchen zeigt sich, dass in Kirchen das Mediationsverfahren wenig bekannt ist oder nicht in Anspruch genommen wird.

Zusammensetzung der Stichprobe

Die Aktion begann Ende Oktober 2012 und endete im Februar 2013. Fünf Gemeinden in drei verschiedenen deutschen Städten haben sich bereit erklärt mitzumachen und jede Gemeinde erhielt Fragebögen für 40 Personen. Für die Fragebogenaktion wurden Menschen aus der Altersgruppe von 20 bis 65+ Jahren befragt, die Gemeindemitglieder sind. Die Fragebogenverteilung wurde von den Pastoren genehmigt. Der Fragebogen wurde in einem Umschlag durch vertraute Personen ausgegeben und verschlossen wieder eingesammelt. Allen Untersuchungsteilnehmern wurde Anonymität und eine vertrauliche Behandlung ihrer Angaben zugesichert.

Geantwortet haben 94 Personen. 18 Bögen waren ohne Angaben zurückgekommen, drei nur mit Antworten zu Frage I und weitere drei mit Antworten zu II.1 (diese habe ich nicht berücksichtigt). Der Fragebogen war in fünf verschiedene Kategorien aufgeteilt (siehe Anhang):

I. Befragung zur Person
II. Gemeindezugehörigkeit
III. Konflikte in der Gemeinde
IV. Persönliche Betroffenheit
V. Auswirkung von Konflikten in interpersonellen Beziehungen
VI. Auswirkungen von Konflikten auf Soma, Psyche und Pneuma
VII. Konfliktlösungen durch Mediation

Im Folgenden werde ich die Ergebnisse der Umfrage darstellen. Die Auswertung orientiert sich an der Reihenfolge der Fragen im Fragebogen (vgl. Anhang). Die prozentualen Ergebnisse werden kurz erläutert und gegebenenfalls durch Zitate von einzelnen Befragten ergänzt. Ein besonderes Augenmerk liegt auf der Zufriedenheit bzw. Unzufriedenheit der Befragten mit den Ergebnissen der Lösungsversuche. Hierbei wird zwischen den direkten Beteiligten eines Konfliktes und den Zeugen, die diesen Konflikt wahrnehmen, unterschieden. Wie zufrieden oder unzufrieden die Beteiligten und Zeugen mit dem jeweiligen Lösungsergebnis waren, wird getrennt dargestellt. Im Anschluss wurden die Beteiligten, die vorher Zeugen waren, zu persönlich erlebten Konflikten befragt.

Die Umfrage und ihre Auswertung haben nicht den Anspruch empirisch abgesicherte Ergebnisse hervorzubringen oder repräsentativ zu sein. Stattdessen soll die Umfrage erste Eindrücke vom Umgang mit Konflikte in Kirchen vermitteln und anhand von Beispielen Einblicke in die Thematik geben.

I. Befragung zur Person

Zu I.1- Wie alt sind Sie?

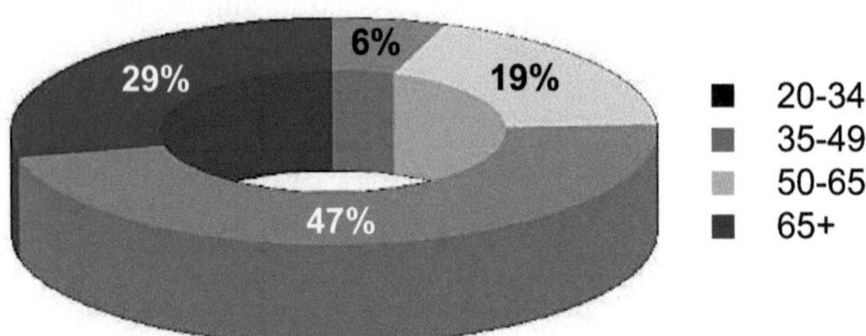

Die Teilnehmerzahl der Gruppe der 35-49-Jährigen ist mit 47% am stärksten repräsentiert, während die Gruppe 65+ mit 6% am wenigsten vertreten ist. Als die Personen dieser Gruppe die Fragebögen erhielten, wollten sie sich mit dem Thema nicht beschäftigen und entschuldigten sich für ihr geringes Interesse. Grundtenor für ihre Teilnahmslosigkeit war, dass sie so viele Konflikte und Probleme in ihrem Leben gehabt hatten, dass sie sich nicht mehr mit dem Thema auseinandersetzen wollten. Die meisten sagten von sich, dass sie mit ihrem jetzigen Zustand zufrieden seien, wenn auch nicht alle Konflikte (oft familiärer Art) gelöst seien und manche Lösungen sie nicht zufrieden stellten. Sie haben ihren Anteil getan, haben vergeben und sich von den Problemen gelöst. Sie möchten in ihrem Leben, das jetzt ohne berufliche Verpflichtung ist, Zeit in Interessen investieren, für die sie früher zu wenig Zeit hatten: Bibel lesen, singen, mit anderen zusammen sein und schöne Momente gestalten und genießen. In ihrem bisherigen Leben sind diese Dinge viel zu kurz gekommen.

Zu I.2-Welches Geschlecht vertreten Sie?

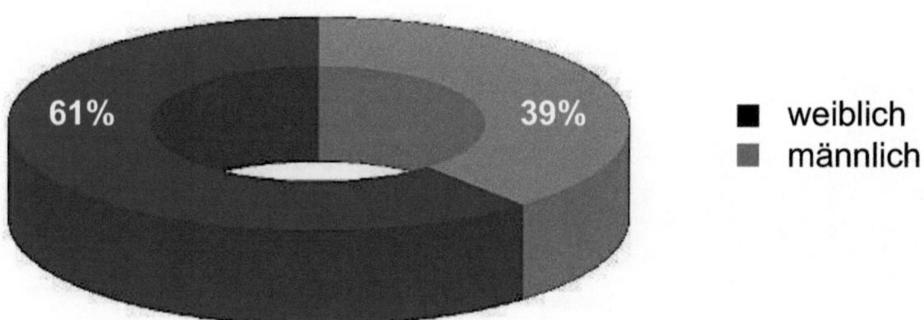

61% der Befragten waren Frauen, die verbleibenden 39% Männer.

II. Gemeindezugehörigkeit und Mitarbeit in der Gemeinde

Zu II.1-Welche Gemeinde besuchen Sie?

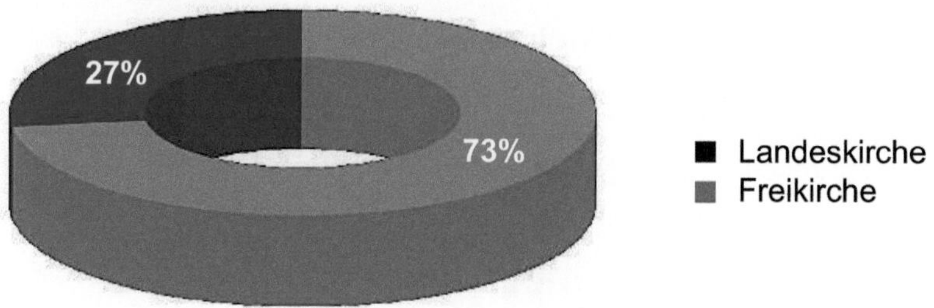

Fast drei Viertel der zurückgegebenen Fragebögen wurden in Freikirchen ausgefüllt.

Zu II. 2-Wie lange sind Sie in der Gemeinde?
Manche der Befragten waren erst seit sechs Monaten, andere waren teilweise von Geburt an, im Maximalfall sogar über 65 Jahre, in der Gemeinde.

Zu II.3-Welche Größe umfasst die Gemeinde?
Die Gemeinden, die die Befragten besuchen, zählen 40 bis 600 Mitglieder. Die Gottesdienste werden von 35 bis 800 Menschen besucht.

Zu II.4- Sind Sie Mitarbeiter der Gemeinde?

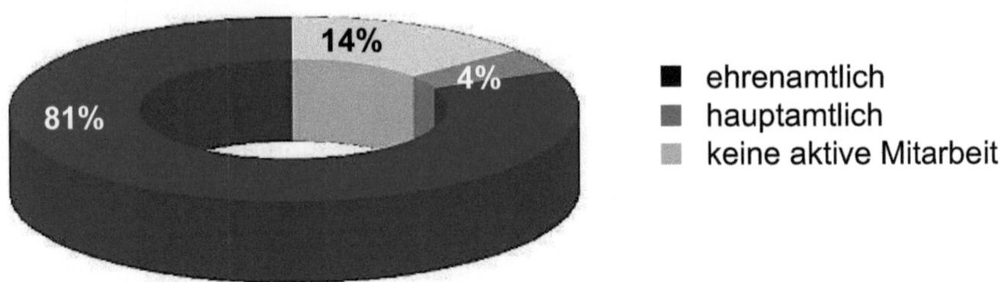

Die absolute Mehrheit (81%) der Befragten arbeitete ehrenamtlich in ihren Gemeinden mit. Nach ihren Aussagen engagierten sie sich voller Elan. Sie hatten Ideen und sie wollten sich für das Wohl anderer einsetzen.

III. Konflikte in der Gemeinde

Zu III.1-Waren Sie *Zeuge* von Konflikte innerhalb ihrer Gemeinde?

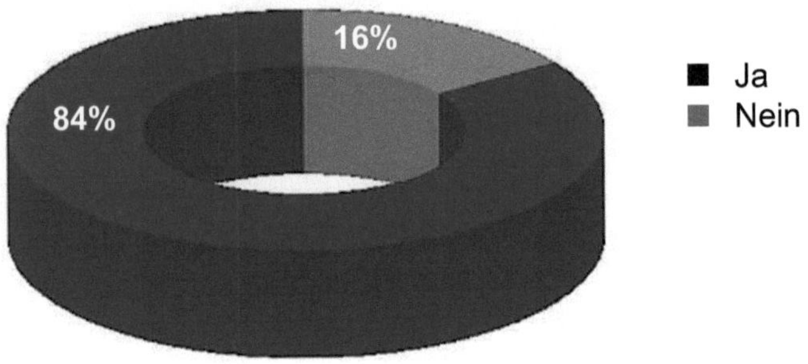

Wie zu erwarten, hatten die meisten Befragten (84%) Konflikte in der Gemeinde beobachtet.

Zu III.2-Wer waren die Beteiligten?
Die Konflikte bestanden auf der interpersonellen Ebene. Die Beteiligten waren Mitarbeiter, Freunde, Gemeindemitglieder, der Pastor, Kirchenvorstandsmitglieder, Personen aus der Gemeindeleitung oder aus Hauskreisen. Konflikte traten innerhalb einer Gruppe und zwischen verschiedenen Gruppierungen auf.

Können Sie bitte die Gründe, die den Konflikt ausgelöst haben, benennen?
Die Konfliktgegenstände waren Bedürfnis-, Werte-, Rollen- und Beziehungskonflikte (siehe Kap. 1.1.1, S. 10). Gründe, für den Konflikt waren:

- unklare ethische Grundhaltungen von Pastoren und Verantwortlichen (fehlen de Disziplinarmaßnahmen bei Sünde oder extreme Betonung, dass Konflikte nur wegen einer Übertretung der Gebote Gottes entstanden sind)
- Differenzen bei Glaubensfragen und unterschiedliche Auffassungen von Heilung, Lobpreis und Leiterschaft
- Kommunikationsschwierigkeiten und Missverständnisse
- eine unklare Verteilung der Arbeitsgebiete, mangelnde Koordination, Informationsmangel
- Unzuverlässigkeit
- Konkurrenz
- Neid
- Machtkämpfe
- übles Gerede
- Respektlosigkeit gegenüber anderen
- Aberkennung oder fehlende Würdigung von ehrenamtlicher Arbeit.

Der benannte Streitgegenstand, um den es jeweils ging, war meist die Spitze des Eisbergs. Darunter lagen verworrene Beziehungen. Gefühle und Bedürfnisse wurden kaum ausgedrückt oder angesprochen. Anstatt miteinander zu reden, vermieden die Betroffenen die Konfrontation aus Angst sich zu blamieren, andere zu verletzen, selbst verletzt zu werden oder die Zuneigung des anderen zu verlieren.

Zu III.3- Konfliktlösungsversuche

Zu III.3a- Was haben Sie als *Zeuge* des Konflikts gemacht (Mehrfachnennungen möglich)?

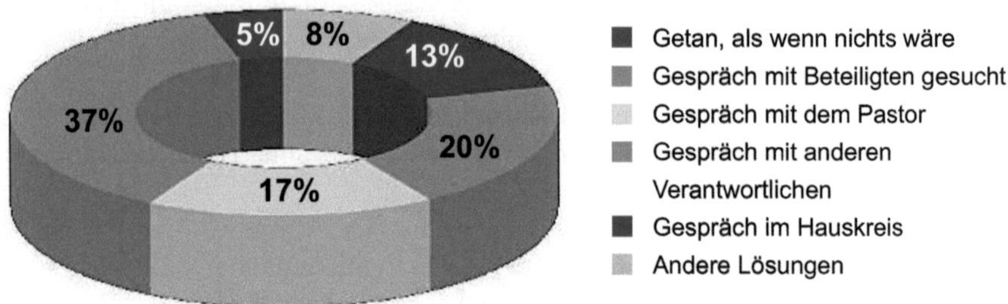

37% der Befragten hatten als Zeugen den direkten Kontakt zu den Beteiligten gesucht und wollten als „Puffer“ fungieren. Ebenfalls wurden Gespräche über die Konfliktsituation mit Pastoren und Verantwortlichen (zusammen 37%) in der Hoffnung geführt, dass diese die Parteien besänftigen würden. Andere hatten nur gebetet.
Eine Person bemerkte die Eskalation und versuchte den Kontrahenten zu helfen. Sie berichtet: *„Ich habe den Raum verlassen, die Bereitschaft zur Aussprache fehlte.“* Für andere war eine mündliche Aussprache zu schwierig, so dass sie den schriftlichen Weg gewählt hatten.

Zu III.3b-Wollten die Beteiligten Hilfe, um ihren Konflikt zu lösen?
Von 59 Rückmeldungen wussten 9 Zeuge nicht, ob die Beteiligten Hilfe wollten. Die eine Hälfte der anderen Befragten sagte, dass die Beteiligten Hilfe wünschten, während die andere Hälfte Hilfe ablehnte. Die Ablehnung wurde u.a. mit folgenden Sätzen kommentiert:
„Es hilft eh nicht“ und „Sie können uns sowieso nicht helfen“.

Zu III.3c-Wie lange hat das Verfahren gedauert bis es zu einer Lösung kam?
Laut zweier Aussagen wurde eine Lösung innerhalb einiger Stunden gefunden. Im Allgemeinen dauerte der Prozess der Lösungsfindung bis zu drei Jahre. Für einige der Beteiligten ist er aber auch nach Jahren noch nicht geklärt. Der Konflikt ist unterschwellig immer noch präsent, er wird nur unterdrückt. Es wird vermieden, darüber zu reden.

Zu III.4-Waren die Beteiligten des Konflikts, von dem Sie Zeuge waren, mit dem Ergebnis zufrieden?

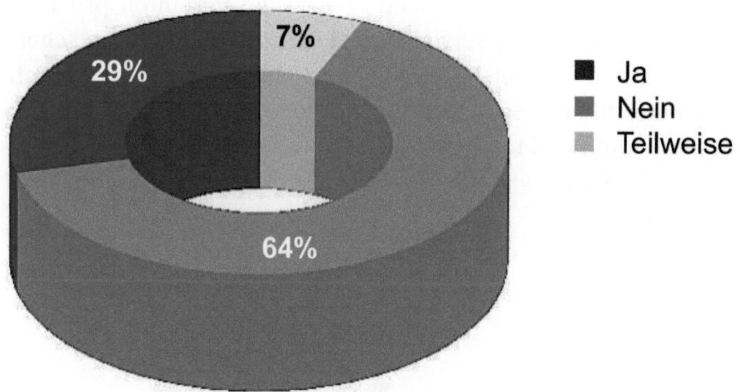

Laut der Angaben der Zeugen haben die Ergebnisse der Lösungsversuche die große Mehrheit der Beteiligten des Konflikts (64%) nicht zufrieden gestellt.

Gründe für die Unzufriedenheit der Beteiligten mit dem Ergebnis

Die Personen, die mit dem Ergebnis unzufrieden waren, fanden es nicht gut, dass eine schnelle Lösung gefunden wurde. Eine Zwischenperson (Autoritätsperson aus der Gemeinde) hatte mit den Konfliktparteien beschlossen, dass sie höflich miteinander umgehen sollen, sie sich versprechen, miteinander zu reden ohne sich anzubrüllen und nicht mehr über die Situation zu reden. Jeder musste den anderen akzeptieren und als Bruder oder Schwester im Herrn behandeln. Konfliktgegner fühlten sich nicht ernst genommen.

Gründe für die teilweise Zufriedenheit der Beteiligten mit dem Ergebnis

Die Kontrahenten empfanden zu wenig Entspannung nach den Gesprächen. Zuerst waren sie mit der Lösung einverstanden, später nicht mehr. Es ging bei dem Gespräch zur Lösungsfindung alles zu schnell.

Gründe für die Zufriedenheit der Beteiligten mit dem Ergebnis

Die Personen, die mit dem Ergebnis zufrieden waren, fanden es gut, dass keine schnelle Lösung gefunden wurde. Sie hatten sich Zeit genommen, um vernünftige Lösungen für ihre Meinungsverschiedenheiten zu erarbeiten.

Vier Personen in einem anderen Fall hatten unter dem Aspekt „andere Lösungen“, die Einbeziehung eines Mediators angegeben. Die Medianten waren von der Art der Konfliktbeilegung sehr erfreut. Es war ihnen wichtig, sich Zeit für die Verfahrensprozesse zu nehmen, um die Meinung der anderen zu verstehen und eine gemeinsame Entscheidung zu treffen. Sie fühlten sich nicht alleine gelassen. Der Mediator konnte sie durch seine empathische Haltung unterstützen. Sie waren von der Verschwiegenheit angetan, denn der Inhalt des Prozesses wurde in der Gemeinde nicht weiter zerredet.
Zwei Kommentare dazu: *„Er hilft uns zu verstehen, was der andere sagt.“* und *„Wir fühlten uns nicht alleine gelassen.“*

Zu III.5-Waren Sie *selbst zufrieden* mit dem Ergebnis der anderen?

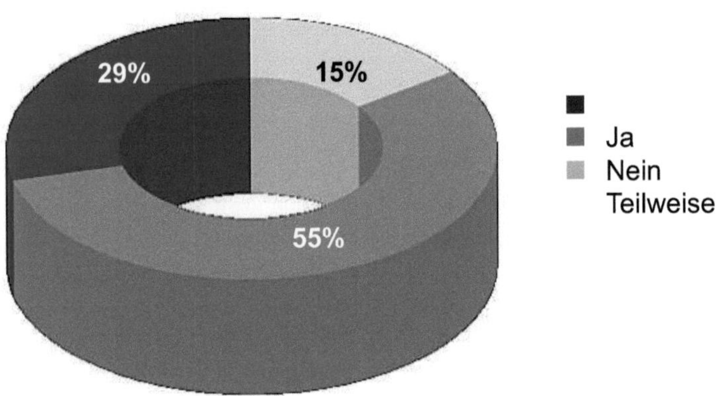

Über die Hälfte der Befragten waren mit der Ergebnis der Lösungsversuche nicht zufrieden.

Gründe für die <u>eigene Unzufriedenheit</u> mit dem Ergebnis der anderen

Die Beobachter hatten ihren Zweifel an der Art der Abmachung, die durch die Machtinstanz getroffen worden war (Leiter einer Gruppe oder ein Vorstandsmitglied). Sie wussten in welch gravierenden Situationen die Konfliktparteien sich befanden. Es gab noch zu viele Emotionen, die nicht zur Sprache gekommen waren. Sie wurden einfach erstickt. Die Bedürfnisse einzelner wurden nicht miteinbezogen. Die Autonomie wurde den Kontrahenten entzogen. Eine Person war empört über die Lösung der Leiter für die Konfliktgegner: „Wie kann er so was machen!“

Viele Beobachter meinten zu spüren, *„etwas läge noch in der Luft"*. Der Vertrauensbruch war noch spürbar und die Missgunst war unverändert. Sie hatten den Eindruck, dass die Kontrahenten nur eine vordergründig vorgespielte Harmonie zeigten. Eine Bagatelle konnte den Streit neu entfachen. Ein Zeuge meinte: „Warte mal ab, es ist noch nicht vorbei."

Gründe für die nur teilweise eigene Zufriedenheit mit dem Ergebnis der anderen
Teils wurde die Meinung vertreten, dass es gut war, dass die Konfliktparteien endlich zusammen kamen, um zu reden und miteinander über ihre Verschiedenheiten zu sprechen. Teils wurde eine abwartende Haltung vertreten: *„Die Zeit wird es zeigen!"* Zeugen trauten dem Frieden nicht. Andere Beobachter meinten, dass die Kontrahenten durch die Ermahnung zwar wieder ins Gespräch gekommen waren, aber es schien, dass dabei wieder nur eine zusätzliche Decke des Schweigens über den Konflikt geworfen wurde.

Gründe für die eigene Zufriedenheit mit dem Ergebnis der anderen
Der Mediator hatte den Kontrahenten Zeit gegeben, sich mit dem Konflikt auseinander zu setzen. Zeugen berichteten von der spürbaren Entlastung und dem Erfolg. Frieden war eingekehrt.

IV. Persönliche Betroffenheit

Zu IV.1- Haben Sie persönlich Konflikte innerhalb ihrer Gemeinde erlebt?

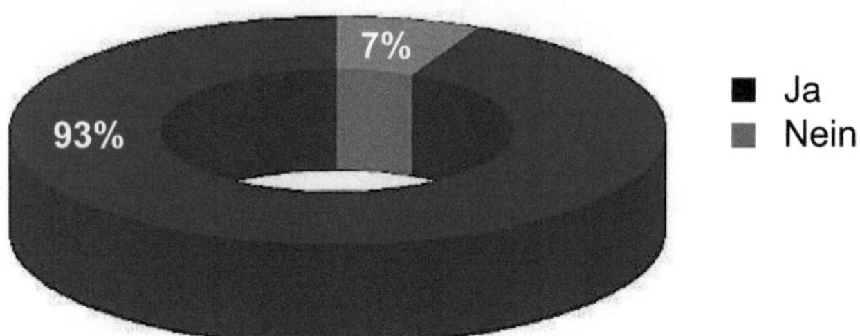

Fast jeder hat schon persönlich einen Konflikt erlebt, was zu erwarten war. Erstaunlich ist die Angabe von den 7%, die behaupten noch keinen persönlichen Konflikt erlebt zu haben.

Zu IV.2-Wer waren die Beteiligten bei ihrem persönlich erlebten Konflikt?
Die Antworten auf diese Frage entsprechen genau den Antworten aus Kapitel III.2. Natürlich ist keine Person in einer Gemeinde davon ausgenommen, in einen Konflikt verwickelt werden zu können.

Nennen Sie bitte die Gründe, die den Konflikt ausgelöst haben
Auch hier entsprechen die Antworten genau der Auflistung in Kapitel III.2. Ein interessanter Einzelfall soll kurz geschildert werden, der den letzten Punkt der Liste „Aberkennung oder fehlende Würdigung von ehrenamtlicher Arbeit“ beispielhaft illustriert. Ein Befragter berichtet: *„ 'Sie' haben einfach meinen Dienst gemacht. Ich kam nur einige Minuten zu spät und sie arbeiteten weiter ohne mit mir ein Wort zu reden. Ich fühlte mich so verletzt, erniedrigt und inkompetent. Dann kamen Schuldgefühle und Wut. Ich hatte immer meine Arbeit gut gemacht. Es war für mich, als wenn sie sagten: „Du brauchst nicht mehr hierher zu kommen, das schaffen wir auch ohne dich. Jetzt lasse ich niemanden mehr an mich heran. Ich grüße noch, aber lasse mich in kein Gespräch ein.“*
In anderen Fällen haben Befragte den Ausweg gewählt, die Gemeinde zu verlassen ohne den Konflikt bereinigt zu haben. Die Kontrahenten waren nicht bereit, sich der Auseinandersetzung zu stellen und vermieden den Kontakt.

Zu IV.3- Konfliktlösungsversuche
Zu IV.3a-Was haben Sie gemacht, um ihren *eigenen Konflikt* zu lösen? (Mehrfachnennungen möglich)

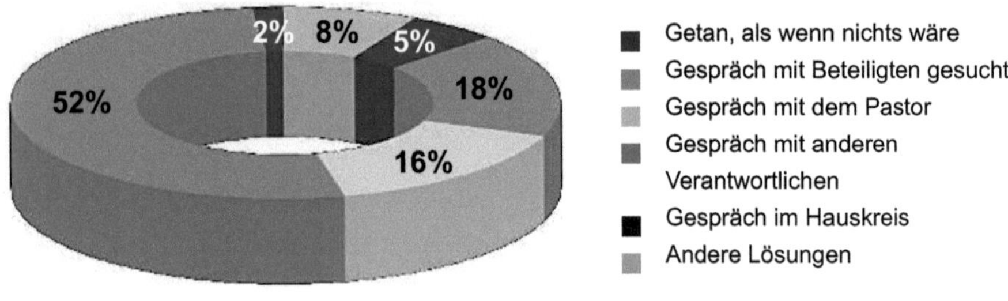

Erfreulicherweise haben mehr als die Hälften der Befragten das Gespräch mit dem Konfliktgegner gesucht. Ungefähr ein Drittel der Befragten erwartete Hilfe von einer Autoritätsperson, d.h. dem Pastor oder einem anderen Verantwortlichen. Erstaunlich wenig Befragte suchten Hilfe in ihrem Hauskreis.

Zu IV.3b-Waren Sie *selbst zufrieden* mit dem Ergebnis?

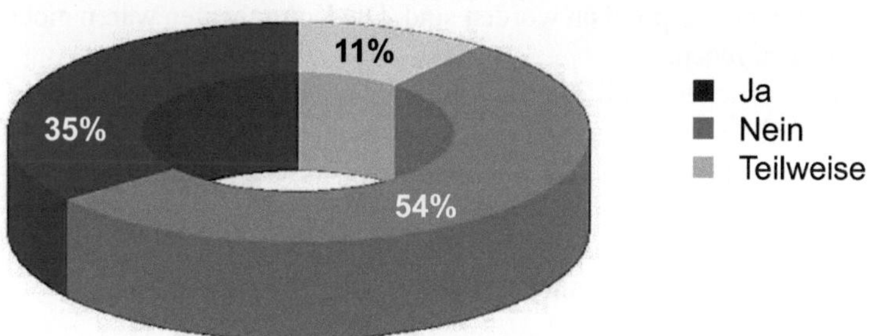

Über die Hälfte der Befragten (54%) waren mit den Ergebnissen der Lösungsversuche für ihren eigenen Konflikt nicht zufrieden.

Gründe für die eigene Unzufriedenheit

Viele Befragte befanden sich in latenten und kalten Konfliktsituationen (siehe Kap. 1.1, S. 8).

Oft hatte eine Machtinstanz (aus der Reihe der Gemeinde) die Betroffenen ermahnt, Geschwisterliebe zu praktizieren und zu vergeben, damit alles wieder gut werden würde. Die Beteiligten hatten daraus den Schluss gezogen, dass sie nachgeben sollten. Eine wirkliche Bearbeitung des Konflikts erfolgte nicht.

Weitere Gründe für Unzufriedenheit waren Uneinsichtigkeit, fehlendes Unrechtsbewusstsein, ungerechte Schuldzuweisungen und die fehlende Bereitschaft den Konflikt anzugehen auf Seiten der Konfliktgegner.

Ein weiterer Aspekt, der eine Klärung erschwerte, war die Fixierung von Kontrahenten auf die Meinung eines Dritten, der nicht direkt in den Konflikt involviert war.

Immer wieder wurde berichtet, dass die Beziehungen kalt blieben. Trotz der Bemühungen war keine Veränderung der Situation oder Versöhnung möglich.

Teilweise waren Lösungen nur von kurzer Dauer, alte Muster wiederholten sich und der Konflikt brach später erneut auf. Als Ergebnis zogen sich die Betroffenen oft zurück.

Gründe für eine teilweise Zufriedenheit mit der Lösung des eigenen Konflikts
Befragte, die mit der Lösung des eigenen Konflikts nur teilweise zufrieden waren, nannten viele unterschiedliche Gründe.
Manche Befragte sagten, dass die Beziehungen etwas entspannter geworden seien und die Konfliktgegner sich beruhigt hätten, aber so ganz trauten sie dem Frieden nicht. Die verschiedenen Ansichten sind ausgetauscht worden, aber es blieben noch viele Aspekte, die nicht geklärt oder angesprochen worden sind. Die Kontrahenten waren nicht bereit, über alle Themen zu reden.
Andere Befragte waren zufrieden, weil es eine Möglichkeit der Aussprache mit dem Konfliktgegner gab. Allerdings passten die gefundenen Lösungen manchmal nicht zum eigentlichen Konflikt. In einigen Fällen war nicht ganz klar, welche Erwartungen oder Haltungen erwünscht waren. In wieder anderen Fällen fühlte sich der Betroffene in seinem Anliegen zwar verstanden und der Konfliktgegner wirkte einsichtig, aber das Gespräch führte trotzdem zu keiner Verhaltensänderung beim Kontrahenten.

Gründe für die eigene Zufriedenheit
Die 35% der Befragten, die mit den Lösungen zufrieden waren, betonten, dass ihre Anliegen ernst genommen wurden. Die Gespräche miteinander haben geholfen, die Situation zu klären.
Einige berichten, dass durch die Gespräche mehr Verständnis für einander vorhanden war, auch wenn keine Lösung gefunden wurde. Der Umgang zwischen den Konfliktparteien wurde leichter. Sie konnten mit Respekt und Achtung miteinander reden.
Eine Beteiligte meinte: *„Es hat gut getan, den Standpunkt endlich mal zu vertreten und zu begründen.“* Andere erwähnten, dass eine gegenseitige Annäherung und Versöhnung stattgefunden hat.
Eine weitere Person entwickelte durch die Auseinandersetzung ein neues Denkmuster: *„Ich möchte daran arbeiten, nicht immer Erwartungen zu haben, die dann enttäuscht werden.“*
Eine Betroffene sagte: *„Wir haben miteinander gesprochen, weil wir beide keinen langfristigen Konflikt wollten. Der Konflikt gibt uns die Chance, vorsichtiger und weiser mit Konflikten umzugehen.“* Das Wagnis zu einem Neuanfang hat die Resignation besiegt.

V. Auswirkungen von Konflikten in interpersonellen Beziehungen

Beschreibung der Beziehung zu den Beteiligten vor und nach dem Konflikt

Vor dem Konflikt:
49 Befragte berichteten von einem guten Umgang miteinander. Zur Beschreibung der Beziehung benutzten sie Adjektive wie: „freundlich“, „gelassen“, „liebevoll“, „nachsichtig“, „harmonisch“ und „ unverkrampft“. Teilweise sprachen sie von engen Freundschaften.
Für 11 Personen waren die Beziehungen vor dem Konflikt eher „kühl“, „reserviert“, „distanziert“, „angespannt“, „schwierig“ und „voller Misstrauen“, aber dennoch „höflich“. Die Kommunikation war von Anfang an sehr schwierig. Betroffene meinten, es sei besser sich aus dem Weg zu gehen. Je seltener sie sich begegneten, desto entspannter fühlten sie sich.
Nur wenige haben sich bei dieser Frage nicht geäußert.

Nach dem Konflikt:
40 der Beteiligten, die vorher eine schwierige Beziehung zu dem Konfliktgegner hatten, litten unter der Oberflächlichkeit bei der Begegnung mit ihrem Kontrahenten.
Aus Angst, Unsicherheit und Misstrauen zogen sie sich später zurück. Sie hatten eine abwartende und vorsichtige Haltung entwickelt, blieben aber höflich.
In 20 Fällen sind aus den Kontrahenten Freunde geworden. Nach der Klärung des Problems entwickelte sich die Beziehung positiv. Freundlichkeit, ein offenes Miteinander, mehr Verständnis und Tiefe in der Beziehung wurden möglich.
Eine relativ niedrige Anzahl von Personen hat sich zu dieser Frage nicht geäußert.

VI. Welche Auswirkungen hat der Konflikt auf Sie gehabt (körperlich, seelisch, geistlich)?

Zu VI.1- Körperliche Auswirkungen (Mehrfachnennungen möglich)

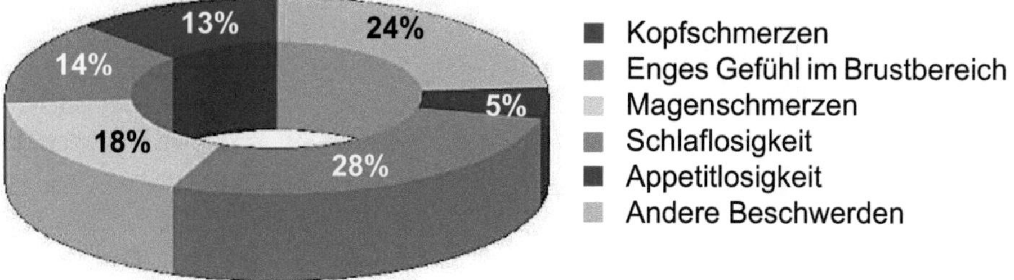

Die Umfrage zeigt sehr deutlich, dass Konflikte das körperliche Wohlbefinden stark in Mitleidenschaft ziehen. Bei den Kommentaren der Betroffenen fiel auf, dass unterschiedliche Leiden sich gegenseitig beeinflussen, z.B. konnten Magenschmerzen Schlaflosigkeit auslösen und die Schlaflosigkeit verschlimmerte die Kopfschmerzen. Jedes körperliches Leid kann in einer Wechselwirkung mit jedem anderen Leid stehen.

Zu VI.2- Seelische Auswirkungen

Da sich die Äußerungen der Befragten nur schwer klassifizieren lassen, verzichte ich an dieser Stelle auf eine grafische Darstellung und zahlenmäßige Auswertung. Stattdessen werde ich kurz einzelne exemplarische Äußerungen skizzieren, welche drei Kategorien zugeordnet werden:

1) Auswirkungen auf die Gedankenwelt des Betroffenen
2) Auswirkungen auf die Gefühle des Betroffenen
3) Auswirkungen auf das Verhalten des Betroffenen

1) Auswirkungen auf die Gedankenwelt des Betroffenen

Im Alltag beschäftigte der Konflikt die Beteiligten stark in ihren Gedanken. Die Gedanken kreisten immer wieder um die Eskalation des Konflikts. Die Befragten fragten sich, ob sie etwas Falsches getan oder gesagt hatten. Sie wollten sich genau an ihren Tonfall und ihre Wortwahl und die des Gegners erinnern. Das „Kopf Kino“ lief besonders auf Hochtouren, wenn die Betroffenen zu dem Schluss kamen, dass der Konfliktgegner Schuld hat. Sie wollten sich der Verachtung, den Vorwürfen und der Ablehnung des Gegners nicht mehr stellen müssen. Sie mussten immer wieder daran denken, wie sich alles (Menschen, Situation und Kommunikation) bis zur Eskalation des Konflikts hin entwickelt hat und fragten sich, wie das Zusammenleben innerhalb der Gemeinde weitergehen solle. Andere konnten nicht glauben, dass „so was Schreckliches“ überhaupt in der Gemeinde passiert und fanden es sehr schwierig, die ungute Atmosphäre der Konfliktsituation auszuhalten.

Manche gaben sich selbst die Schuld am Konflikt, konnten sich selber nicht mehr annehmen und wussten nicht, ob sie überhaupt das Recht auf ein klärendes Gespräch hatten. Sie gaben sich selber Ratschläge, wie sie den Konflikt lösen könnten und wünschten sich gleichzeitig eine Trennung vom Kontrahenten. Viele dieser Personen dachten, dass Distanz vom Konfliktgegner eine Heilung der Beziehung bewirken würde und isolierten sich deshalb verstärkt.

Einige Teilnehmer fragten sich, was sie aus der Konfliktsituation lernen konnten. Sie beschäftigten sich damit, die Stärken und Schwächen in ihrer eigenen Person zu analysieren. Sie korrigierten ihre negativen Gedanken über sich und andere, indem sie sich selber wertschätzten und sich vergaben.

2) Auswirkungen auf die Gefühle des Betroffenen

Die Betroffenen beschrieben ihr Befinden mit Pseudogefühlen und mit echten Gefühlen.

Pseudogefühle

Sie fühlten sich isoliert, nicht beachtet, hintergangen, genervt, ausgenutzt, gegen einander ausgespielt, manipuliert, missverstanden und ungerecht behandelt.

Echte Gefühle

Sie empfanden Wut, Trauer, Frustration, Verunsicherung, Verletzung, Anspannung, Enttäuschung, Hilflosigkeit, Entfremdung, Ärger, Aggression, Verwirrung, Ohnmacht, Ratlosigkeit, Zorn, Einsamkeit, Verzweiflung, Unruhe, Besorgtheit, Unzufriedenheit und Angst.

Die Angst vor der Konfrontation war bei den meisten stark ausgeprägt. Die Angst zeigte sich vor und während der Kommunikation und bewirkte Unsicherheit. Zu der Angst gehörte auch das Gefühl, nicht stark genug zu sein, um die eigene Sichtweise klar wiedergeben zu können.
Bei den Befragten, deren Konflikte geklärt wurden, waren Gefühle der Freude, der Erleichterung und des Friedens eingekehrt. Sie waren zuversichtlich, hoffnungsvoll und freuten sich auf das Neue.

3) Auswirkungen auf das Verhalten des Betroffenen

Das Verhalten resultierte aus den Gedanken, die sich die Betroffenen zum Konflikt gemacht hatten.
Diejenigen, die Distanz für heilsam hielten, zogen sich zurück. Sie mieden die Konfliktgegner, um sich selbst zu schützen.
Andere trafen sich mehrmals mit den Kontrahenten und suchten immer wieder das Gespräch. Dieses aufeinander Zugehen gelang nur für eine Weile.
Wieder andere ergriffen nicht die Initiative, sondern blieben ruhig und warteten geduldig darauf, dass der Gegner den ersten Schritt macht.

Zu VI.3- Geistliche Auswirkungen
Bei den geistlichen Auswirkungen betrachte ich die drei Aspekte der Gottesbeziehung, des Gebetsleben und der Bibellese.

Gottesbeziehung
96% der Befragten beschrieb sehr klar, dass ihre Gottesbeziehung nicht gelitten hat, im Gegenteil ist die Beziehung sogar viel tiefer und enger geworden. Sie traten viel häufiger in die Gegenwart Gottes und brachten ihm ihre Sorgen, Zweifel und Fragen. Sie erfuhren Gottes verändernde und heilsame Kraft.
Vier Personen erlebten jedoch eine Verschlechterung ihre Gottesbeziehung. Sie fingen an, Gott zu misstrauen und hatten Angst vor Gott nicht gut genug zu sein. Dieses Gefühl plagt sie bis heute, weshalb sie sich von Gott zurückgezogen haben. Sie äußerten Zweifel an der Wirkung des Heiligen Geistes und an dem, was sie im Wort Gottes über Liebe und Vergebung lesen.

Gebetsleben
96% der Befragten hatten erlebt, wie ihr Gebetsleben intensiver und regelmäßiger wurde. Für sie war es eine Erleichterung alle Sorgen, Gedanken und Gefühle Gott geben zu können. Sie lernten häufiger in die Fürbitte zu gehen und zu vergeben.
Vier Befragte konnten kaum mehr beten.

Bibellese
Das Bibellesen veränderte sich durch die Konfliktsituation. Drei verschiedene Verhaltensweisen traten auf.
Weit über die Hälfte suchte gezielt in der Bibel nach Schriftstellen, die Verhaltensanweisungen für die jeweilige Situation geben. Dabei bemühten sie sich, auch die Sichtweise des Gegners zu berücksichtigen. Ihre Bibellese wurde intensiver und regelmäßiger.
Zirka ein Drittel suchte in der Bibel nach einer Bestätigung für ihre eigene Meinung. Ihre verengte Wahrnehmung führte zu eine verstärkten Schuldweisung gegenüber dem Gegner.
Fünf Personen antworteten, dass sie zu unkonzentriert waren, um in der Bibel zu lesen. Die Gedanken kreisten so stark um den Konflikt, dass sie keine Ruhe zum Bibellesen finden konnten. Deshalb hörten sie in dieser Zeit lieber Predigten.

VII. Konfliktlösung durch Mediation

Zu VII.1- Kennen Sie das Mediationsverfahren?

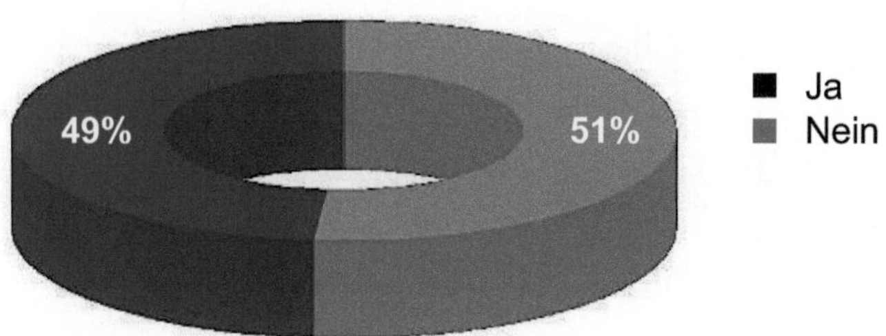

Die meisten Befragten (49%), die die Mediation kennen, hatten das Verfahren entweder durch eigene Erfahrungen aus dem Bereich der Familienmediation (Trennung- und Scheidungsfälle) oder im Berufsleben kennengelernt.
Sie berichteten, dass sie die Mediation nicht als Verfahren zur Bearbeitung von Konflikten im kirchlichen Bereich kennen.

Zu VII.2-Wie haben Sie von der Mediation erfahren?

(Mehrfachnennungen möglich)

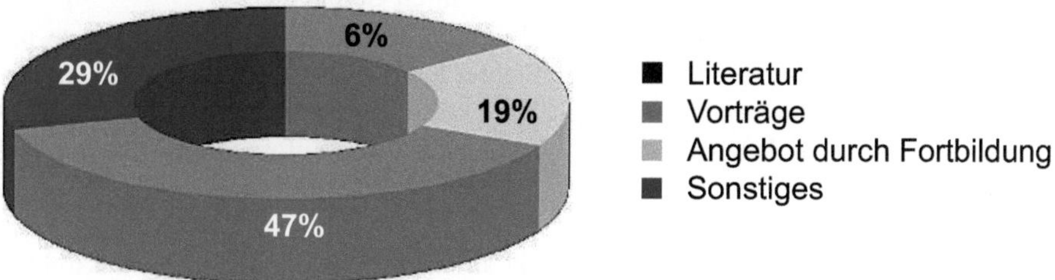

Auch wenn durch obige Verteilung der Eindruck entsteht, dass Mediation nur bei den Menschen bekannt ist, die ein spezielles Interesse für die Thematik aufweisen, scheint es mir, dass Mediation verstärkt in den Medien vorkommt und deshalb langsam auch in weiteren Kreisen der Gesellschaft an Bekanntheit gewinnt.

Zu VII.3- Ist Mediation ihrer Ansicht nach ein hilfreiches Verfahren, auch im kirchlichen Bereich?

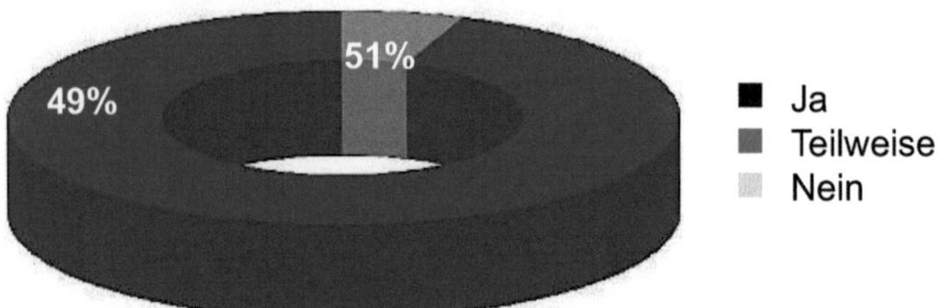

Von den Befragten, die von Mediation gehört oder gelesen oder sie selbst erlebt haben, sind 94% überzeugt, dass das Verfahren eine effektive Methode anbietet, Konflikte anders zu verstehen, Kommunikation zu üben und Regelungen bzw. Lösungen zu finden. Die Mehrzahl der Befragten kann sich vorstellen, dass Mediation als Konfliktlösung im kirchlichen Bereich sinnvoll eingesetzt werden kann.
Einige Beteiligte, die das Verfahren bereits aus ihrem Berufsleben kennen, teilten die Meinung, dass Mediation im kirchlichen Bereich einen festen Platz bekommen sollte. Andere Befragte, die von Mediation vorher nichts wussten, wurden neugierig und haben sich über das Verfahren erkundigt. Sie wünschen sich jetzt ebenfalls den Einsatz der Mediation bei der Lösung von Konflikten in ihren Gemeinden.
Fünf Befragte, die das Verfahren aus eigener Initiative in Anspruch genommen hatten, berichteten über die Effizienz des Verfahrens in ihrer Kirche. Die Medianten hatten gelernt zuzuhören, miteinander zu reden und andere Sichtweisen zu respektieren, auch wenn sie mit diesen nicht einverstanden waren. Sie waren erleichtert nicht sofort vergeben zu müssen.

Fazit

Eine prinzipielle Bereitschaft einen Konflikt anzugehen ist bei den meisten Kirchenmitgliedern vorhanden. Oft wissen die Beteiligten nicht, wie sie mit Konflikten umgehen sollen und sind verärgert, wenn Spannungen spürbar sind und wollen deshalb schnell eine Lösung finden.
Konflikte versetzen die Menschen oft in Sprachlosigkeit und deshalb vermeiden sie den Kontakt mit den Kontrahenten und der Gemeinde.
Die Einsicht, dass es nötig sei, Konflikte zu analysieren, ist weniger vorhanden. Die Sichtweise *"Je weniger man darüber redet, desto höher sind die Chancen, dass der Konflikt verschwindet."* ist noch ausgeprägt. Die Kommunikation wird dadurch jedoch

immer schwieriger und belastet zunehmend die Kontrahenten und die Mitmenschen in ihrer unmittelbaren Nähe.
Nach dem Ausfüllen der Fragebögen haben sich einige Teilnehmer schriftlich bedankt. Sie sind ins Nachdenken gekommen. Sie wünschten sich Veränderungen im Umgang mit Problemen bzw. Konflikten in ihrer Gemeinde. Ihr Ziel ist es, in Konfliktsituationen mutiger zu sein (sich dem Konflikt zu stellen), direkte Kommunikation ohne Vorwürfe und Schuldzuweisung anzuwenden und professionelle Hilfe anzunehmen (durch die Intervention von Mediatoren, die den christlichen Glauben vertreten).

4 Ein Plädoyer für eine neue Konfliktkultur in der Kirche

Die kirchliche Leitung der befragten Gemeinden erkennt die Gleichheit aller Gläubigen an. Eine Hierarchie (Über- bzw. Unterordnung) bleibt zwar vorhanden, aber aufgrund der Demokratisierung konnte Mediation, deren Wesensmerkmal die Gleichberechtigung ist, einen Platz in der Kirche finden (vgl. Mattioli, 2007, S. 46).
Die Untersuchung Mattiolis über den Umgang mit Konflikten[39] lässt erkennen, dass von den meisten Gemeindeleitungen keine eindeutige Empfehlung für die Konfliktbearbeitung -klärung und -lösung angeboten wird (vgl. ebd., S. 61). Auch das Ergebnis der Fragebögen zeigt, dass in der Kirche die Konfliktbewältigungsstrategie den Konfliktgegnern überlassen ist. Doch die Selbsthilfe stößt an ihre Grenzen, wenn durch den Konflikt die zwischenmenschliche Ebene verhärtet und der Ärger wächst (siehe Abb.3, S. 13). Die Effektivität der Konfliktbearbeitung bleibt fraglich, wenn die Ernsthaftigkeit eines Problems, das zu eskalieren droht, nicht richtig erkannt wird. Der Konflikt kann ruhen, doch es besteht immer noch eine Unsicherheit, ob der Konflikt nicht doch noch wieder an Brisanz gewinnt und sich in Beschimpfungen entlädt (vgl. Dohmann/ Lippert, 1975, S. 61). Er kann sehr lange unbenannt bleiben bzw. verschwiegen werden und deshalb unter dem Deckmantel der Nächstenliebe unbemerkt brodeln (vgl. Mattioli, 2007, S. 57). Die Konsequenz dieses weit verbreiteten Harmoniebedürfnisses ist dann eine „kalte Konfliktkultur“ (siehe Kap. 1, S. 8).
Oft stehen viele Menschen also hilflos vor Konfliktsituationen, in denen sie mit Gegensätzen, Spannungen und Reibungen konfrontiert werden (vgl. Glasl, 2008, S. 9). Durch die Hilflosigkeit tendieren viele zu einer Konfliktvermeidung statt zu einer Konflikt-

[39] Mediation und Kirche. Konfliktumgang in der Gemeinde. Bestandaufnahme und Perspektive.

bearbeitung (vgl. Pohl, 2003, S. 11). Gründe dafür sind einerseits der Imageschutz der Gemeinde und andererseits die Befürchtung, dass Konflikte eine größere Rolle spielen könnten als es den Menschen lieb ist (vgl. Mattioli, 2007, S. 58).

Es ist festzustellen, dass das das Wort „Konflikt“ bei den meisten Menschen sofort negative Assoziationen auslöst. Deshalb ist der erste Schritt zu lernen, dass Konflikte Möglichkeiten zur Entwicklung, zur Veränderung und zum Wachstum bieten und somit positiv zu sehen sind (vgl. Mattioli, 2007, S. 58). Eine neue Konfliktkultur, welche von der jeweiligen Leitung bewusst gefördert werden sollte, charakterisiert sich also dadurch, dass die Fokussierung nicht mehr auf dem Negativen liegt, sondern dass das Potential in Konflikte sichtbar und nutzbar gemacht wird. Dadurch wird die Motivation geweckt, konstruktive Lösungen zu suchen (vgl. Dulabaum, 2003, S. 185). Der Mediationsprozess berücksichtigt die Art, wie Kontrahenten mit Konflikten umgehen und führt trotz grundlegender Differenzen zwischen den Kontrahenten, die wahrscheinlich bleiben werden, zur Regelung zwischenmenschlicher Konflikte und manchmal auch zu ihrer Lösung (vgl. Bastine, 2004, S. 42).

Wenn Kirchengemeinden Veränderungen bei der Konfliktbearbeitung zulassen, bedeutet dies einen Abschied vom Harmoniekult und verlangt ein Umdenken (vgl. Pohl, 2003, S. 154). Das griechische Wort für Umdenken, *Metanoia*[40] bezieht sich auf einen fundamentalen Wandel oder Wechsel im Sinne der Transzendenz (*‚meta‘* – ‚über‘ oder ‚jenseits‘ wie in ‚Metaphysik‘ und *‚noia‘* von *‚nous‘*, der Sinn). Der Begriff *„Metanoia“* ist mit dem Begriff „Lernen“ verbunden. Er bedeutet eine tiefgreifende Sinnesänderung und nicht nur eine Aufnahme von Informationen (vgl. ebd.). Die Sinnesänderung bewirkt, dass der Mensch sich selbst verändert und damit verändert sich auch der Konfliktbewältigungsprozess. Eine offenere Kommunikation wird möglich, bei der starke Emotionen wie Wut, Ärger und Aggressionen erlaubt sind (vgl. Scheibel, 2006, S. 303). Die Integration von Gefühlen beim Konfliktlösungsprozess hat nichts damit zu tun, unbeherrscht und unsensibel seinen Gefühlen freien Lauf zu lassen, sondern es gilt unter der Kontrolle des Geistes Gottes in einer guten Weise offen mit negativen Gefühle umzugehen[41].

[40] Matthäus 4, 17: „Tut Buße…“

[41] Im Galaterbrief (5,19-22) wird zwischen der „Kontrolle des Fleisches“ und der „Kontrolle des Geistes“ unterschieden. Während bei der „Kontrolle des Fleisches“ zornige Gefühle und böse Gedanken eine Vergrößerung der Entropie (das Böse nimmt mehr Raum ein) erzeugen, wachsen bei der „Kontrolle des Geistes“ gute Früchte wie Freundlichkeit und Selbstbeherrschung (vgl. Klessmann, 1992, S. 139).

Mit der Einführung von Mediation im kirchlichen Bereich könnte eine mediative Grundhaltung erlernt werden. Ein friedvolles Miteinander als Ergebnis eines offenen und konstruktiven Umgangs mit Konflikten gehört zu einer lebendigen Kirche (vgl. Mattioli, 2007, S. 117).

Schritte zur Etablierung kirchlicher Konfliktkultur könnten aus dem Beispiel eines „Majlis"[42] (Sitting room) übernommen werden. In der arabischen Kultur ist es üblich, dass Menschen zu einer informellen Versammlung kommen, um über ihre Probleme und Unzufriedenheit reden zu können. Während der Versammlung kann jeder kommen und gehen. In einer Wohnzimmer-Atmosphäre hören Verantwortliche die Beschwerden und Veränderungswünsche des Klägers. Sie bieten keine Lösungen an, sondern fragen den Kläger, wie die Lösung für ihn aussehen könnte. Diese informelle Sammlung könnte Menschen in der Kirche mehr Mut verleihen, Konflikte und Probleme einzugestehen. Diese Art der Konfliktbearbeitung kann dazu beitragen, ein bestimmtes Kirchenimage zu verändern. Dadurch kann der Druck, dieses Kirchenimage zu schützen, minimiert werden[43].

Zusammenfassung

Die aktuelle Situation in vielen Kirchengemeinden kann in die Konflikttypologie von Glasl eingeordnet werden und die „kalte" Konfliktkultur beschreibt die gewöhnliche Art und Weise des Umgangs miteinander. Das Gebot der Nächstenliebe führt oft zu einem ungesunden Harmoniestreben, durch das Konflikte gemieden statt angegangen werden. Dies bewirkt u.a. eine große Unzufriedenheit, unaufgearbeitete persönliche Verletzungen und Angst. Weil es neben der Seelsorge und einer möglichen Supervision für Pastoren oftmals keine Anleitung für das Lösen von Konflikten zwischen zwei Parteien gibt, fühlen sich viele Gemeindemitglieder beim Auftreten von Konflikten überfordert. Es fehlen etablierte Strukturen für Konfliktbewältigung in der Kirche. Wie die Auswertung des Fragebogens bestätigt hat, ist Mediation in vielen Gemeinden relativ unbekannt.

Die Analyse der aktuellen Situation zeigt die Notwendigkeit der Einführung einer neuen Konfliktkultur. Dafür müsste zuerst ein neues Bewusstsein gefördert werden,

[42] Es gibt verschiedene Formen von Majlis

[43] Zwar gibt es im Matthäus Evangelium (18,17) den Hinweis auf die Gemeindeversammlung. Es wurde eher im Sinne der Gemeindezucht und nicht der Verständigung eingeführt. Gemeindeversammlung heute haben eher einen institutionellen Charakter und bieten weniger informellen Raum.

dass Konflikte nichts Negatives darstellen, sondern eine Chance für Veränderungen, persönliches Wachstum und Reife bieten, die zu neuen, positiven und tieferen Beziehungen innerhalb einer Kirche führen können. Dieses neue Denken sollte durch die jeweilige Leitung explizit gefördert werden. Die Kirche darf sich an dieser Stelle nicht ihrer Fürsorgepflicht gegenüber den Gemeindegliedern entziehen und darf sie mit ihren Konflikten nicht allein lassen. Dafür könnte eine neue Ebene der Metakommunikation etabliert werden, die ein Zusammentreffen der Kontrahenten ermöglicht, bei dem der Konflikt in aller Offenheit, Transparenz und Ehrlichkeit mit Hilfe eines Mediators bewältigt wird. Damit diese Mediatoren in der Kirche zur Verfügung stehen, ist es nötig genügend Mitarbeiter der Gemeinde zu Mediatoren ausbilden zu lassen. Diese sollten sorgfältig ausgewählt werden, da die Ausübung der Mediatorentätigkeit eine gewisse Persönlichkeit, hohe Kompetenzen und Übung erfordert. In der Ausbildung, lernt der Mediator, Konfliktsituationen auszuhalten und professionell zu arbeiten. Durch seinen Einsatz in der Gemeinde, kann ein Mediator schwelende Konflikte und Feindschaften bearbeiten helfen, Frieden stiften und die gesamte Atmosphäre in der Kirchengemeinde somit positiv beeinflussen. Die Menschen in der Gemeinde werden sich vermutlich insgesamt entspannter fühlen, weil sie Konflikten nicht mehr hilflos gegenüber stehen, sondern wissen an wen sie sich wenden können um Hilfe zu bekommen. Mediation bietet einen Weg zur Konfliktlösung und befähigt Menschen, konfliktfähiger zu werden und selbstbewusster miteinander zu handeln.

Literaturverzeichnis

Amen, Damiel G. (2010).
Das glückliche Gehirn. München: Wilhelm Goldmann Verlag.

Ballreich, Rudi/Glasl, Friedrich (2007).
Mediation in Bewegung. Ein Lehr- und Übungsbuch mit Filmbeispiele auf DVD. Stuttgart: Concadora Verlag.

Bastine, Reiner (2004).
Konflikt klären, Probleme lösen - die Psychologie der Mediation In: Mediation - Vom Konflikt zur Lösung John M. Haynes, Axel Mecke, Reiner Bastine, Larry S. Fong. Stuttgart: Klett-Cotta.

Berkel, Karl (2010 (10. Auflage)).
Konflikttraining: Konflikte verstehen, analysieren, bewältigen. Hamburg: Windmühle Verlag GmbH.

Bergner, Erika/Vogelauer, Werner (2010).
Zwischen „quick win“ und „slow motion“ in der (Supervision- und) Coachingsarbeit. In: Knopf, Wolfgang/Walther Ingrid (Hrsg.) (2010). Beratung mit Hirn. Neurowissenschaftliche Erkenntnisse für die Praxis von Supervision und Coaching. Wien: Facultas Verlags- und Buchhandels AG.

Berner, Winfried (2006).
Widerstände, Konflikte, Krisen, Konflikteskalation: Wie die Unversöhnlichkeit stufenweise wächst. www.umsetzungsberatung.de/Konflikte/Konflikteskalation. Abgerufen Januar 2013.

Besemer, Christoph (1999).
Konflikte verstehen und lösen lernen. Ein Erklärungs- und Handlungsmodell zur Entwurzelung von Gewalt nach Pat Patfoort. Baden: Werkstatt für Gewalt freie Aktion.

Besemer, Christoph (2007 (12. Auflage)).
Mediation, Vermittlung in Konflikten. Baden (Heidelberg/Freiburg): Werkstatt für Gewaltfreie Aktion.

Breidenbach, Stephan (1995).
Mediation. Struktur, Chancen und Risiken vonVermittlung im Konflikt. Köln: Schmidt.

Breidenbach, Stepfan/Falk Gerhard (2005).
Einführung in Mediation In:Handbuch Mediation und Konfliktmanagement. Band 3. Wiesbaden: VS Verlag für Sozialwissenschaft/GWV Fachverlage GmbH.

Buck, G. (2002).
Fachlexikon der Sozialen Arbeit. Frankfurt am Main.
Bühl, Walter Ludwig (1976).
Theorien sozialer Konflikte. Darmstadt: Wissenschaftliche Buchgesellschaft.
Culley, Sue (1991).
Beratung als Prozess. Weinheim und Basel: Beltz Verlag.
De Bono, Edward (2001).
Bewerten Beurteilen Entscheiden. Frankfurt/Wien: Redline Wirtschaft bei ueberreuter.
Deci, Edward L./Ryan, Richard M. (1993).
Die Selbstbestimmungstheorie der Motivation und ihre Bedeutung für die Pädagogik. Zeitschrift für Pädagogik.
Deutsch, Morton (1976).
Konfliktregelung, konstruktive und destruktive Prozesse. München/Basel.
Dieterich, Michael (2000).
Handbuch Psychologie und Seelsorge. Wuppertal: Brockhaus Verlag.
Dieterich, Michael (2001).
Einführung in die Allgemeine Psychotherapie und Seelsorge. Wuppertal: R. Brockhaus.
Dieterich, Michael (2004).
Seelsorge Kompakt. Viernheim: Band 14 der Hochschulschriftenreihe. Herausgegeben vom Institut für Psychologie und Seelsorge (IPS) und dem Institut für Praktische Psychologie (IPP).
Dieterich, Michael (2009).
Wie sich Menschen ändern. Wuppertal: SCM R. Brockhaus.
Dieterich, Michael (2010):
Wer bin ich? Wer sind die anderen? Selbst- und Fremdwahrneh-mung. Eine Einführung für Berater, Seelsorger und Therapeuten. Witten: SCM-Verlag GmbH & Co. KG.
Dieterich, Michael/Berner, Wolfgang (2012).
Der Persönlichkeitsstrukturtest PST-R. Freudenstadt: Fachverlag des IPP GbR.
Dilling, Horst/Mombour, Werner H./Schmidt, Martin H.(Übers. und Hrsg), (2004 (korrigierte und ergänzte Auflage).
Internationale Klassifikation psychischer Störungen. ICD-10. Bern. Göttingen. Toronto. Seattle: Hans Huber Verlag.

Domann, Gerd/Lippert, Peter (1975).
Versöhnung - Ende der Konflikte?: Konfliktbewältigung in Gruppe und Gemeinde. Limburg: Lahn-Verlag GmbH.
Dulabaum, Nina L. (2003 (4. Auflage)).
Mediation: das ABC. Die Kunst, in Konflikten erfolgreich zu vermitteln. Weinheim, Basel, Berlin: Beltz Verlag.
Duss-von Werdt, Josef (2000).
Die letzte 2500 Jahre Mediation in Europa. In: Mediation – die neue Streitkultur. Kooperatives Konfliktmanagement in der Praxis. Gießen: psychosozial Verlag.
Duss-von Werdt, Josef (2005).
Homo Mediator. Stuttgart: Klett-Cotta Verlag.
Duss-von Werdt, Josef (2005b).
homo mediator. Geschichte und Menschenbild der Mediation. Stuttgart: Klett-Cotta Verlag.
Duss-von Werdt, Josef (2008). Einführung in Mediation. Heidelberg: Carl-Auer Verlag.
Enright, Robert D. (2006).
Vergebung als Chance. Neuen Mut fürs Leben finden. Bern: Hans Huber Verlag.
Falk, Gerhard/Heintel, Peter/Krainz Ewald E. (Hrsg.) (2005, Band 3).
Handbuch Mediation und Konfliktmanagement. Wiesbaden: VS Verlag für Sozialwissenschaften/GWV Fachverlage GmbH.
Faller, Kurt (1998).
Mediation in der pädagogischen Arbeit. Mühlheim: Verlag an der Ruhr.
Feistauer, Ernst & Zauner-Grois Marcella (2009).
Mediation als Wendepunkt in Beziehung. Hilfreiche Intervention. Wien: Facultas Verlags- und Buchhandels AG.
Feltham, Colin/Dryden Windy (2002).
Grundregeln der Supervision. Weinheim und Basel: Beltz Verlag.
Fischer, Christiane/Reitemeier Jürgen (2008).
Verbale Angriffe. Umgang mit schwierigen Kolleginnen und Kollege Konfliktarten und -typologien Konfliktverhaltensstile und -vorschläge. Kissing: WEKA MEDIA & Co. KG.

Fisher, Roger/Ury, William/Patton, Bruce (2004).
Das Harvard-Konzept. Der Klassiker der Verhandlungstechnik. Frankfurt/ New York: CampusVerlag.
Focus.dn/dpa, O. (18. Oktober 2012).
UN Vermittler ringt um Waffenruhe in Syrien. Online Focus, http:/www.focus.de.
Geißler, Peter (2000).
Die Wiener Konferenz für Mediation – Ein erster Überblick. In: Mediation – die neue Streitkultur. Kooperatives Konfliktmanagement in der Praxis. Gießen: Psychosozial Verlag.
Glasl, Friedrich (1990 (2. Auflage)).
Konfliktmanagement. Ein Handbuch für Führungskräfte und Berater. Bern - Stuttgart: Verlag Freies Geistesleben.
Glasl, Friedrich (1997).
Konfliktmanagement: Ein Handbuch zur Diagnose und Behandlung von Konflikten für Organisationen und ihre Berater. Bern - Stuttgart: Verlag freies Geistesleben.
Glasl, Friedrich (2002).
Konfliktmanagement. Ein Handbuch für Führungskräfte, Beraterinnen und Berater. Bern - Stuttgart: Verlag freies Geistesleben.
Glasl, Friedrich (2004).
Konfliktmanagement: Ein Handbuch für Führungskräfte. Berlin: Freies Geistesleben Verlag.
Glasl, Friedrich (2008 (5., überarbeitete und erweiterte Auflage)).
Selbsthilfe in Konflikten. Konzepte. Übungen. Praktische Methoden. Bern - Stuttgart: Verlag freies Geistesle-ben.
Häberle, Martin (30. 7. 2010).
Konflikte lösen - in Gemeinschaft und Gemeinde. S. 5. www.lebenszentrum-langenburg.de/pdf/konflikte.pdf.
Hagehülsmann, Ute (1992).
Transaktionsanalyse. Wie geht denn das? Transaktionsanalyse in Aktion I. Paderborn: Junfermann Verlag.

Harris, Thomas A. (1975).
Ich bin o.k. Du bist o.k. Wie wir uns selbst besser verstehen und unsere Einstellung zu anderen verändern können - Eine Einführung in die Transaktionsanalyse. Reinbek bei Hamburg: Rowohlt Verlag GmbH.

Hartmann, Rainer (abgerufen Dezember 2012).
Baustein 8. http://www.gemeindedienst-ekm.de/attachment. Konflikte.pdf (Baustein 8: Konflikte verstehen und regeln - Gemeindedienst der EKM). Bausteine für die Arbeit im GKR | Herausgegeben vom Gemeindekolleg der EKM

Hawkins, Peter & Shohet, Robin, (1989).
Supervision in the helping professions.
An individual, group and organizational approach. Milton Keynes: Open university Press.In: McLeod, John, (2004). Counseling – eine Einführung in Beratung. Tübingen: dgvt Verlag.

Heckhausen, Jutta/Heckhausen, Heinz (2006 (3. Auflage)).
Motivation und Handeln. Heidel-berg: Springer Medizin Verlag.

Hehn, Marcus (2002).
Handbuch Mediation In: Haft, Fritjof/Gräfin von Schlieffen, Katharina (Hrsg.). München: C.H. Beck Verlag.

Hemleben, Johannes (1977).
Niklaus von Flüe. Frauenfeld und Stuttgart: Huber Verlag.

Hermann, Andreas (2012).
Aktueller Artikel aus der Pastoralpsychologie. „Ist denn gar kein Weiser unter euch, der zwischen Brüdern schlichten könnte“. www. ebz-muenchen.de/ wp-content/upload.

Kaindl, Barbara (2005).
Vokale Kommunikation am Telefon; Die Wirkung von Sprechgeschwindigkeit und Lächeln auf die Wahrnehmung von Kompetenz und Benevolenz In: Emotion und Empathie on air von Lopez, J.E. (2009). Wien: Diplomarbeit Universität Wien.

Kaiser, Lothar Emanuel (2002).
Niklaus von Flüe - Bruder Klaus. Der Friedensheilige für die ganze Welt. Strasbourg/F: Edition du signe.

Klappenbach, Doris (2006).
Mediative Kommunikation. Paderborn: Junfermann Verlag.

Klessmann, Michael (1992).
Ärger und Aggression in der Kirche. Göttingen: Vandenhoeck & Ruprecht Verlag
Köstler, Anja (2010).
Mediation. München: Ernst Reinhardt, GmbH & Co KG Verlag.
Kraus, Mario. H. (2005).
Mediation – wie geht denn das? Ein Praxis-Handbuch für außergerichtliche Streitbeilegung. Paderborn: Junfermann Verlag.
Kraus, Anne Isabel (2008).
China und Europa: Verhandeln zwischen verschiedenen Verfahrenspräferenzen. In: Mehta, Gerda/Rückert, Klaus (Hrsg.). Mediation. Instrument der Konfliktregelung und Dienstleistung. Wien: Falter Verlagsgesellschaft m.b.H.
Kreuser, Karl/Robrecht, Thomas/Erpenbeck, John (2012).
Konfliktkompetenz. Eine Struktur-theoretische Betrachtung. Wiesbaden: Springer VS Verlag.
Kuhl, J (1981).
Motivational and functional helplessness: The moderating effect of state versus action orientation. Journal of Personality and Social Psychology, 40, 155-170). In: Rudolph, Udo (2003). Motivationspsychologie. Weinheim, Basel, Berlin: Beltz Verlag.
Loew, Thomas (1998).
Wenn die Seele den Körper leiden läßt. Stuttgart: Georg Thieme Verlag.
Loebner, Heinz-Dieter, (1995).
Lerneinheit „Lernen und Gruppe".In: Brokmann-Nooren, Christiane/Grieb, Ina/
Raapke, Hans-Dietrich (1995).
NQ-Materialien. Handbuch Er-wachsenenbildung.Wineheim und Basel: Beltz Verlag.
Mattioli, Maria (2007).
Mediation und Kirche. Stuttgart: ibidem-Verlag.
Mayer, Bernard (2007).
Die Dynamik der Konfliktlösung. Ein Leitfaden für die Praxis. Stuttgart: Klett-Cotta.
Maslow, Abraham H (2002 (9. Auflage)).
Motivation und Persönlichkeit. Reinbek bei Ham-burg: Rowohlt Taschenbuch Verlag GmbH.

Meyer, Armin/Seibert, Gerd/Wendelberger, Erhard (1970).
Enzyklopädie 2000 Band 4. Stuttgart/Zürich: Wissen Verlag.
Mietzel, Gerd (1994 (10. Auflage)).
Wege in die Psychologie. Stuttgart: Klett-Cotta Verlag.
Mohl, Alexa (2000).
Die Wirklichkeit des NLP Erkenntnistheorietische Grundlagen und ethische Schlussfolgerungen. Paderbonn: Junfermann Verlag.
Montada, Leo/Kals Elisabeth (2007).
Mediation. Ein Lehrbuch auf psychologischer Grundlage (2. Auflage). Weinheim, Basel: Beltz Verlag..
Oehrlein, Josef (17. Oktober 2012. 21:05.).
Hoffnung für Kolumbien. Neue Zürcher Zeitung: Erste Verhandlungsrunde in Oslo - Start der Gespräche mit den Farc International.
Pallasch, Waldemar (1991).
Supervision. Neue Formen beruflicher Praxisbegleitung in pädagogischen Arbeitsfeldern. Weinheim und Münschen: Juventa Verlag.
Pavel, Oliva (1988).
zitiert 7. Eligie nach Gentili/Prato, 1979. Solon - Legende und Wirklichkeit. Konstanzer althistorische Vorträge und Forschungen. Hrsg. von Wolfung Schuller, Heft 20. Konstanz: Universitätsverlag.
Pesendorfer, Bernhard (2005).
Diagnose-Instrumente für Konflikte. In: Handbuch Mediation und Konfliktmanagement.Falk, Gerhard/Heintel, Peter/Krainz Ewald E. (Hrsg.) (2005, Band 3). Wiesbaden: VS Verlag für Sozialwissenschaften/GWV Fachverlage GmbH.
Pohl, Dieter (2003).
Konflikte in der Kirche. kompetent und kreativ lösen. Neukirchen-Vluyn: Neukirchener Verlag.
Pöhlmann, Simone/Roethe, Angela (2004).
Streiten will gelernt sein. Freiburg im Breisgau: Herder Verlag.
Proksch, Roland (1991).
Scheidung ohne Richter. Neue Lösungen für Trennungskonflikte In: Krabbe, H. (Hrsg.). Reinbeck bei Hamburg: Rowohlt Taschenbuch Verlag GmbH.

Proksch, Roland (1998).
Das Mediationskonzept und seine Bedeutung für Jugendhilfe, Schule, Familie und Stadtteilarbeit. In: Aktion Jugendschutz Bayern e.V. :Mediatoren statt Gladiatoren. München: Aktion Jugendschutz Bayern e.V.
Pühl, Harald (2005).
Von der Supervision zur Mediation und zurück. In: Organisationsberatung Supervision Coaching (Hrsg. Dr. Astrid Schreyögg). Wiesbaden: VS Verlag für Sozialwissenschaften/GWV Fachverlage.
Rimser, Markus (2008).
Coaching im Spannungsfeld der Lebensberatung. Guiding - Ein integratives Modell psychosozialer Beratung. Frankfurt am Main. Berlin. Bern. Bruxelles. New York. Oxford. Wien. Peter Lang. Internationaler Verlag der Wissenschaften.
Reinhardt, Volker (2012).
Machiavelli oder die Kunst der Macht. Eine Biographie. München: C.H. Beck Verlag.
Röhrle, Bernd (2004).
Beratung im Kontext von Prävention. Im: Nestmann, Frank/Engel, Fran/ Sickendiek, Ursel, (Hrsg. Band 1) Das Handbuch der Beratung - Disziplinen und Zugänge.Tübingen: dgtv Verlag
Rosenberg, Marshall B. (2010 (9. Auflage)).
Gewaltfreie Kommunikation Eine Sprache des Lebens. Paderborn: Jungfermannsche Verlagsbuchhandlung.
Rudolph, Udo (2003 (1. Auflage)).
Motivationspsychologie. Weinheim, Basel, Berlin: Beltz Verlag.
Rüttinger, Bruno (1977).
Psychologie im Betrieb. Konflikt und Konfliktlösen (Hrsg. Zwick, Julius). München: Wilhelm Goldmann Verlag.
Saint-Exupéry, Antoine ().
Die Stadt in der Wüste Citadelle
Schäffer, Hartmut.(2001).
Mediation auch für christliche Gemeinden? -Vom Konfliktgegner zum Konfliktpartner. In: Praxis von 29.5.01. www.neueoption.de/html/mediation_kirche.html.

Schäffer, Hartmut. (2004).
Mediation. Die Grundlagen. Würzburg: Stephans-Buchhandlung. Matthias Mittelstädt KG.
Scheibel, Gerhard (2006).
Konflikte. Der praktische Ratgeber zur Konfliktlösung. Horitschon: edition nove.
Schulz von Thun, Friedemann (1994).
Miteinander reden 1. Reinbek bei Hamburg: Rowohlt Taschenbuch Verlag GmbH.
Schulz von Tun, Friedemann (1998).
Miteinander reden 2. Reinbek bei Hamburg: Rowohlt Taschenbuch Verlag GmbH.
Schwartz, Dieter (2008).
Gefühle im Gespräch. Wie Emotionen unsere Kommunikation beeinflussen. München: mvg Verlag, FinanzBuch Verlag GmbH.
Seibert, Gerd/Wendelberger, Erhard (1970).
Enzyklopädie 2000 Band 6. Stuttgart/Mailand: Wissen Verlag.
Seidl, Barbara (2011).
NLP Mentale Ressourcen nutzen. Freiburg: Haufe-Lexware GmbH Et Co. KG.
Seifert, Josef W. (1996 (2. Auflage)).
Gruppenprozesse steuern. Offenbach: GABAL Verlag GmbH.
Seifert, Josef W. (2001 (21. Auflage)).
Visualisieren. Präsentieren. Moderieren. Offenbach: GABAL Verlag GmbH.
Sicking, Marzena (2012).
- 11.07.12, http:/www.heise.de › resale › Recht.
Spitzer, Manfred (2002).
Lernen. Gehirnforschung und die Schule des Lebens. Heidelberg, Berlin: Spektrum, Akademischer Verlag GmbH.
Stumm, Gerhard/Wirth Beatrix (1994).
Psychotherapie: Schulen und Methoden. Eine Orientierungshilfe für Theorie und Praxis. Wien: Falter-Verlag.
Suter, Katalin (2008).
Streifzüge durch Konfliktkulturen Afrikas In: Mediation. Instrument der Konfliktregelung und Dienstleistung. Metha, Gerda/Rückert, Klaus (Hrsg.). Wien: Falter Verlagsgesellschaft m.b.H.

Tausch, Reinhard (1993).
Verzeihen: Die doppelte Wohltat. In:. Psychologie heute, S. 20-26.
Thomann, Christoph/Schulz von Thun (1997).
Klärungshilfe. Handbuch für Therapeuten, Gesprächshelfer und Moderatoren in schwierigen Gesprächen. Reinbek bei Hamburg: Rowohlt Taschenbuch Verlag GmbH.
Tournier, Paul (1941).
Médecine de la personne. Neuchatel, Paris: Delachaux & Niestlé S.A.
Von Schlippe, Arist/Schweitzer Jochen (2003 (9. Auflage)).
Lehrbuch der systemischen Therapie und Beratung . Göttingen: Vandenhoeck & Ruprecht Verlag.
Watzlawick, Paul/Beavin, Janet H./Jackson Don D. (1996).
Menschliche Kommunikation. Formen, Störungen, Paradoxien. Bern, Göttingen, Toronto, Seattle: Hans Huber Verlag.
Weidner R./Fink Gereon R. (2013).
Wahrnehmung und Aufmerksamkeit. In: Schneider, Frank/Fink Gereon R. (2013). Funktionelle MRT in Psychiatrie und Neurologie. Ber-lin Heidelberg: Springer Verlag.
Weiler, Eva/Schlickum, Gunter (2008).
Praxisbuch Mediation. Falldokumentationen und Methodik zur Konfliktlösung. München: Verlag C.H. Beck oHG.
Weinberger, Sabine (1996 (7. Auflage)).
Klientenzentrierte Gesprächsführung. Ein Lern- und Praxisanleitung für helfende Berufe. Weinheim und Basel: Beltz Verlag.
Weiner, Bernard (1988 (2. neu ausgestattete Auflage)).
Motivations-Psychologie. Kurt Lewins Feldtheorie. München - Weinheim: Psychologie Verlags Union.
Wuketits, Franz Manfred (2000).
Der wahre Egoist ist immer hilfsbereit. Zu den stammesgeschichtlichen Wurzeln von Konflikt und Kooperation. In: Mediation – die neue Streitkultur. Kooperatives Konfliktmanagement in der Praxis.(Geißler, Peter und Rückert, K (Hrsg.)). Gießen: Psychosozial-Verlag.
Yalom, Irving (1989).
Existentielle Psychotherapie. Köln: Edition Humanist. Psychologie.

Internet-Quellen

http://othes.univie.ac.at/5974/1/2009-07-06_0205642.pdf.
(Siehe S. 22). Kaindl, Barbara (2005). Vokale Kommunikation am Telefon; Die Wirkung von Sprechgeschwindigkeit und Lächeln auf die Wahrnehmung von Kompetenz und Benevolenz In: Emotion und Empathie on air von Lopez, Jessica Elisa (10. Juli 2009). Wien: Diplomarbeit Universität Wien. Abgerufen November 2012.

http://www.wissenschaft.de /wissen/news/261018.html.
(Siehe, S. 27). Bekömmlicher Buch-stabensalat. Abgerufen März 2013.

http://www.nzz.ch/aktuell/.../start-der-gespraeche-mit-den-farc-1.17689833.
(Siehe S. 52). Neue Zürcher Zeitung: Erste Verhandlungsrunde in Oslo Start der Gespräche mit den Farc International 17. Oktober 2012, 21:05. Abgerufen November 2012.

http://www.focus.de/politik/ausland/krise-in-der-arabischen.
(Siehe S. 52). UN-Vermittler Brahimi ringt um Waffenruhe in Syrien. Donnerstag, 18.10.2012, 05:15. Abgerufen Novem-ber 2012.

http://www.heise de › resale ›.
(Siehe S. 54). Recht Sicking, Marzena - 11.07.12. Abgerufen November 2012.

http://www.neueoption.de/html/mediation_kirche.html.
(Siehe S. 88). Schäffer, Hartmut (2001). Mediation auch für christliche Gemeinden? -Vom Konfliktgegner zum Konfliktpartner. In: Praxis von 29.5.01. Abgerufen Dezember 2012.

http://www.lebenszentrum-langenburg.de/pdf/konflikte.pdf.
(Siehe S. 82, 87). Häberle, Martin (30. 7. 2010). Konflikte lösen - in Gemeinschaft und Gemeinde. S. 5. Abgerufen März 2013.

http://www.umsetzungsberatung.de/Konflikte/Konflikteskalation.
(Siehe S. 82). Berner, Winfried (2006). Widerstände, Konflikte, Krisen, Konflikteskalation: Wie die Unversöhnlichkeit stufenweise wächst. Abgerufen Januar 2013.

http://www.gemeindedienst-ekm.de/attachment.
(Siehe S. 87, 88). Hartmann, Rainer. 8 Konflikte.pdf (Baustein 8: Konflikte verstehen und regeln - Gemeindedienst der EKM). Bausteine für die Arbeit im GKR | Herausgegeben vom Gemeindekolleg der EKM. Abgerufen Dezem-ber 2012.

http://www.ebz-muenchen.de.
(Siehe S. 88). Hermann, Andreas. wp-content/uploads/2012/01/Konflikt... Konflikte in Kirchengemeinden Artikel aus der. Pastoralpsychologie. „Ist denn gar kein Weiser unter euch, der zwischen Brüdern schlichten könnte“ (1. Kor 6/5b). Konflikte in ...Abgerufen Februar 2013.

Abbildungsverzeichnis

Wichtige Werkzeuge des Mediators

Aktives Zuhören

- Methode für ALLE Mediationsphasen

Voraussetzungen

- Geeignete Rahmenbedingungen schaffen:
  Störungsfreie Raum, genügend Zeit
- Empathie zeigen:
  Augenkontakt, zugewandte Körperhaltung
- Nicht vordenken, nicht vorformulieren
- Drei Ebenen des Verstehens wahrnehmen:
  1) Sachebene (Um was geht es?)
  2) Gefühlsebene (Freude, Zorn, Ärger, Frustration…)
  3) Bedürfnisse/Wünsche/Interessen (Anerkennung, Sicherheit, Orien-tierung, Zuwendung, Gestaltungsmöglichkeiten…)

Ziele

- Konzentration auf die Gedanken des anderen
- Verstehen signalisieren und überprüfen
- Hilfe für die Medianten zur Selbstklärung

Durchführung

1. Eine der Partei (P) erzählt, der Mediator oder die Mediatorin (M) hört zu
2. M gibt wieder, was er von P verstanden hat (zusammenfassen) und fragt, ob er/sie das Gehörte richtig wiedergegeben hat
3. Falls P sein Anliegen wiederholt oder modifiziert:
4. zurück und weiter bei 2

Ich-Botschaften

Anwendungssituation

- Methode für ALLE Mediationsphasen
- Hilfe für das Gegenüber, die Wirkung seines Verhaltens durch meine Ich-Botschaft besser einschätzen zu können
- Möglichkeit der Äußerung, auch wenn objektive Beurteilungsmaßstäbe fehlen

Ziele

- Spannungsfreiere Kommunikation bei der Äußerung persönlicher Wünsche oder Kritik
- Die eigene Sicht mitteilen, Transparenz schaffen

Durchführung

Ich-Botschaften bestehen immer aus

1. der Beschreibung des positiven oder negativen Verhaltens des Gegenübers
2. der Beschreibung des dadurch ausgelösten Gefühle oder Gedanken
3. der Begründung, warum man sich über das Positive Verhalten freut oder warum man das angesprochene Verhalten für problematisch hält

und optional aus

4. dem Wunsch nach Verstärkung des positiven Verhaltens bzw. Veränderung des negativen Verhaltens
5. der Beschreibung eines möglichen eigenen Beitrags zur Problemlösung

(Die Reihenfolge der Bestandteile kann variieren)

Umformulieren

Anwendungssituation

Methode für alle Mediationsphasen, vorrangig für die Konfliktdarstellung und Konflikterhellung

Ziele

Von negativen Kritik zum positiven Bedürfnis
Spitzen und verletzende Bemerkungen der MediantInnen abfedern

Durchführung

In der pauschalen oder verletzenden Kritik das berechtigte Anliegen erkennen und spiegeln

Mediant: Sie möchte, dass immer alles gleich geschieht.
MediatorIn: Sie möchten sich ihre Aufgaben einteilen können.
Mediantin: Ich glaube ihm gar nicht mehr.
MediatorIn: Sie möchten ihm vertrauen können
Du- Botschaften der MediantInnen in direkte Ich-Botschaften umformulieren
Mediantin: Ich finde es bescheuert, dass sie hinter meinem Rü-cken immer so schlechte Stimmung gegen mich machen!
Mediatorin: Sie sagen, dass Sie schon mehrmals beobachtet haben, dass Frau Solenz Sie in Ihrer Abwesenheit kritisiert. Und das ärgert Sie. Sie wünschen sich, dass Frau Solenz mit ihrer Kritik direkt zu ihnen kommt.

Perspektivenwechsel

Anwendungssituation

Methode für alle Mediationsphasen vorrangig für die Konflikterhellung

Ziele

Der Konflikt von der anderen Seite sehen und verstehen lernen
Der anderen Seite das Recht auf eine eigene Sicht zubilligen, die eigene Sicht relativieren

Durchführung

Der Perspektivenwechsel kann auf vielerlei Weisen angestoßen werden. Keine Methode funktioniert garantiert, deshalb: mehrere Methoden ausprobieren, z.B.

Stuhltausch
Selbstbild-Fremdbild-Konfrontation
Doppeln
Umformulieren
Rollenspiel
Zirkuläre Fragen

Der Perspektivenwechsel kann nicht erzwungen werden. Offensichtlicher Erwartungsdruck oder gezielte Einflussnahme gefährden die Allparteilichkeit!

Selbstbild-Fremdbild-Konfrontation

Anwendungssituation

Methode für Konfliktserhellungsphase
Besonders geeignet bei sehr wenig gegenseitigem Verständnis oder starken persönlichen Angriffen

Ziele

Perspektivenwechsel
Bewusstmachung und Korrektur des Selbstbildes
Herausfinden des Eigenanteils im Konflikts

Durchführung

Einschätzung der Fremdwahrnehmung durch die andere Konfliktpartei („Wie sieht mich der/die andere?"). Ergebnisse von der Gegenpartei zunächst nicht kommentieren lassen. Eventuell vorgeschaltete stille Arbeit beider Parteien (minimiert die gegenseitige Beeinflussung).

Beide Seiten kommentieren (nacheinander) die Ergebnisse und korrigieren sie aus ihrer Sicht.

Im gemeinsamen Gespräch versuchen die Medianten unter Anleitung des Mediators/der Mediatorin Gründe für die Diskrepanz zwischen Selbst- und Fremdbildern zu finden. Durch die dafür nötigen Außenbetrachtungen und Perspektivenwechsel wird der Blick freier auf den eigenen Beitrag zum Konflikt

Doppeln

Anwendungssituation

Methode für die Konflikterhellungsphase

Unausgesprochenes ist „mit Händen zu greifen", wird aber von den MediatorInnen nicht formuliert

Ziel

(Vermutete) wichtige unausgesprochene Gefühle oder Interessen thematisieren

Durchführung

Neben oder hinter die MediatInnen treten und um Erlaubnis bitten, für sie sprechen zu dürfen

Darauf hinweisen, dass der Mediator seine Rolle für dieser Zeit verlässt

Die vermutete Gefühle oder Interessen dem Gegenüber in Ich-Form mitteilen

Die Person, für die man spricht um Zustimmung oder Korrektur bitten

Falls angebracht auch die andere Seite doppeln

Die Rolle des Dopplers bewusst wieder verlassen, den Parteien eventuell danken für ihre Bereitschaft zu diesem „Experiment" und für ihre gezeigte Offenheit

Reframing

(„Neu rahmen"= eine neue Sichtweise vermitteln)

Anwendungssituation

Methode für alle Mediationsphasen, vor allem für die Konflikterhellungsphase

Ziele

Eine geäußerten Sichtweise oder einem gefühlten Eindruck einen neuen Rahmen geben, der für die geschilderten „Fakten" genauso gut oder besser passt

Hilfe zum Perspektivenwechsel oder zu einer Neubewertung der Konfliktsituation

Durchführung

Reframing ist eine Grundtechnik in der Mediation und kann auf vielen unterschiedlichen Wegen geschehen, u.a. durch:

- Umformulieren
- Fokuswechsel vom Pauschalen zum Konkreten
- Fokuswechsel vom Einzelfall zum Allgemeinen
- Fokuswechsel vom Vergangenen zum Zukünftigen
- Herausarbeiten der zugrundeliegenden Bedürfnisse
- Drastifizieren
- Doppeln
- Stuhltausch
- Metaphern aufgreifen oder neue erfinden

Ausgangspunkt des Reframing ist immer die Sicht der Parteien. Sie müssen „abgeholt werden", um offen zu werden für eine neue Sichtweise!

Einzelgespräche

Anwendungssituation

Methode vor allem für die Konflikterhellungs- und Lösungsphase

Einzelgespräche sind immer letztes Mittel, wenn der gemeinsame Mediationsprozess ins Stocken kommt.

Ziele

Verborgenen Themen auf die Spur kommen
Emotionen in den Griff bekommen
Verhandlungsspielräume ausloten
Vertrauen aufbauen, Widerstände abbauen

Durchführung

Ankündigen, dass die MediatorInnen mit einer oder mit beiden Seiten Einzelgespräche führen möchten. Beide Seiten um Einverständnis ersuchen

Im Einzelgespräch das Thema Vertraulichkeit ansprechen: die einzelne Partei hat die volle Kontrolle darüber, was und wieviel des Einzelgesprächs in die Mediation weitergegeben wird.

Allparteilichkeit wahren

Gute Sätze parat haben für die vier kritischen Zeitpunkte: Ankündigung des Einzelgesprächs, Anfang und Ende der Einzelgespräche, Wiederaufnahme des gemeinsamen Gesprächs

Brainstorming

(„Blitzgewitter der Ideen“)

Anwendungssituation

Methode vor allem für die Lösungsphase

Ziel

Spielerische Sammlung von Lösungsideen für ein Problem oder ein Teilproblem

Durchführung

Zu einer Frage oder einem Stichwort spontane Lösungsideen sammeln

Die Ideen auf Zuruf unsortiert auf die Flipchart oder Präsentationswand oder auf Kärtchen schreiben. Die Ideen nicht diskutieren oder bewerten. Auch scheinbar weit hergeholte Ideen notieren

Die gesammelten Ideen erläutern lassen, eventuell gruppieren oder in eine Reihenfolge bringen

Durch Punkten oder andere Bewertungsmethoden die brauchbaren Lösungsvorschläge herausfiltern und weiterentwickeln (z.B. mit Hilfe der Sternanalyse)

Briefe an Pastoren und TeilnehmerInnen

Konfliktlösung durch Mediation im kirchlichen Bereich

Sehr geehrter Pastor,

mein Name ist Rolande Galizzi-Witzkewitz und ich arbeite als Psychotherapeutin (BTS/HPG). Im Zuge meiner Masterarbeit im Studiengang „Counseling Psychology" zum Thema „Konfliktlösung durch Mediation im kirchlichen Bereich" möchte ich gerne durch Fragebögen erarbeiten, wie in den einzelnen Gemeinden mit Konflikten umgegangen wird. Darum füge ich als Anlage Fragebögen bei.
Er soll anonym ausgewertet werden. Ich bin Ihnen dankbar, wenn Sie ihn in Ihrer Gemeinde verteilen (möglichst auch in unterschiedlichen Altersgruppen) und ausfüllen lassen. Ich werde ihn auch über Bekannte verteilen lassen. Falls Sie Einwände haben, dass der Fragebogen in Ihrer Gemeinde verteilt wird, teilen Sie es mir bitte mit.

Für Ihre Mühe bedanke ich mich im Voraus.

Ab Herbst 2013 bin ich gerne bereit in Gemeinden über die Ergebnisse meiner Masterarbeit zu berichten.

Mit freundlichen Grüßen

Liebe Teilnehmerin, lieber Teilnehmer an der Umfrage,

Sie haben einen Fragebogen zu Konflikten in der Gemeinde und zu persönlichen Konflikten von Gemeindegliedern erhalten. Diese Fragebögen möchte ich anonym auswerten und die Ergebnisse in einer Masterarbeit im Studiengang „Counseling Psychology“ zum Thema „Konfliktlösung durch Mediation im kirchlichen Bereich“ einbringen.
Bitte füllen Sie diesen Fragebogen aus und legen Sie ihn dann in den beiliegenden Umschlag, verschließen den Umschlag und geben diesen dann (ohne Absenderangabe!) über die Person, von der Sie den Fragebogen erhalten haben, an mich zurück. Erst wenn alle Umschläge aus allen Gemeinden zurückgekommen sind und gemischt wurden, werden sie geöffnet, damit auf jeden Fall die Anonymität der Befragung gewährleistet ist.

Vielen Dank für Ihre Mitarbeit.

Ab Herbst 2013 bin ich gerne bereit in Gemeinden über die Ergebnisse meiner Masterarbeit zu berichten.

Mit freundlichen Grüßen

Rolande Galizzi-Witzkewitz

Fragebogen zu Konflikt und Konfliktlösungen im kirchlichen Bereich

I. Befragung zur Person

1. Wie alt sind Sie?
   - ☐ 20-34 Jahre
   - ☐ 35-49 Jahre
   - ☐ 50-65 Jahre
   - ☐ + 65 Jahre

2. Welches Geschlecht vertreten Sie?
   - ☐ Weiblich
   - ☐ Männlich

II. Gemeinde Zugehörigkeit und Mitarbeit in der Gemeinde

1. Welche Gemeinde besuchen Sie?
   - ☐ Landeskirche
   - ☐ Freikirche

2. Wie lange sind Sie in der Gemeinde?

3. Welche Größe umfasst die Gemeinde?
   Mitglieder: ca.
   Gottesdienstbesucher: ca.

4. Sind Sie Mitarbeiter in der Gemeinde?
   - ☐ Ehrenamtlich
   - ☐ Hauptamtlich
   - ☐ Keine aktive Mitarbeit

III. Konflikte in der Gemeinde

1. Waren Sie Zeuge von Konflikten innerhalb ihrer Gemeinde?
   - ☐ Ja
   - ☐ Nein

2. Wer waren die Beteiligten?
   - ☐ 2 Personen
   - ☐ Mehrere Mitarbeitern
   - ☐ Freunden
   - ☐ Pastor
   - ☐ Gemischte Gruppe: Kirchenvorstand, Gemeindeleitung, Hauskreise

   Können Sie bitte die Gründe, die den Konflikt ausgelöst haben, benennen?

3. Konfliktlösungsversuche

   a) Was haben Sie als Zeuge des Konflikts gemacht?

   - ☐ Getan als wenn nichts wäre
   - ☐ Gespräch mit den Beteiligten gesucht
   - ☐ Gespräch mit dem Pastor
   - ☐ Gespräch mit anderen Verantwortlichen
   - ☐ Gespräch im Hauskreis
   - ☐ Andere Lösungen:

   b) Wollten die Beteiligten Hilfe, um ihren Konflikt zu lösen?

   - ☐ Ja
   - ☐ weiß nicht
   - ☐ Nein

c) Wie lange hat das Verfahren gedauert bis es zu einer Lösung kam?

4. Waren die Beteiligten des Konflikts, von dem Sie Zeuge waren, mit dem Ergebnis zufrieden?
☐ Ja
☐ teilweise
☐ Nein
Können Sie bitte die Gründe benennen

5. Waren Sie selbst zufrieden mit dem Ergebnis der anderen?
☐ Ja
☐ teilweise
☐ Nein
Können Sie bitte, die Gründe benennen

IV. Persönliche Betroffenheit

1. Haben Sie persönlich Konflikte innerhalb ihrer Gemeinde erlebt?
☐ Ja
☐ Nein

2. Wer waren die Beteiligten bei ihrem persönlich erlebten Konflikt?
☐ 2 Personen
☐ Mehrere Mitarbeitern
☐ Freunden
☐ Pastor
☐ Gemischte Gruppe: Kirchenvorstand, Gemeindeleitung, Hauskreise
Nennen Sie bitte die Gründe, die den Konflikt ausgelöst haben!

3. Konfliktlösungsversuche

a) Was haben Sie gemacht, um ihren eigenen Konflikt zu lösen?
- ☐ Getan, als wenn nichts wäre
- ☐ Gespräch mit den Beteiligten gesucht
- ☐ Gespräch mit dem Pastor
- ☐ Gespräch mit anderen Verantwortlichen
- ☐ Gespräch im Hauskreis
- ☐ Andere Lösungen

b) Waren Sie selbst zufrieden mit dem Ergebnis?
- ☐ Ja
- ☐ teilweise
- ☐ Nein

Können Sie bitte die Gründe benennen?

V. Auswirkungen von interpersonellen Konflikten

Beschreibung der Beziehung zu den Beteiligten vor und nach dem Konflikt

1. Vor der Konflikt

2. Nach dem Konflikt

VI. Welche Auswirkungen hat der Konflikt auf Sie gehabt (körperlich, seelisch, geistlich)?

1. Körperlich

- ☐ Kopfschmerzen
- ☐ Enge Gefühle im Brustbereich
- ☐ Magenschmerzen
- ☐ Schaflosigkeit
- ☐ Appetitlosigkeit
- ☐ Andere Beschwerden

Bitte beschreiben Sie Ihren psychischen und geistlichen Zustand während und nach der Konfliktsituation

2. Seelisch

   Gedanken

   Gefühle

   Verhalten

3. Geistlich

   Hat ihre Gottesbeziehung gelitten?

   Hat ihr Gebetsleben sich verändert?

   Ist ihr Bezug zur Bibellese beeinflusst worden?

VII. Konfliktlösung durch Mediation

1. Kennen Sie das Mediationsverfahren?
   - ☐ Ja
   - ☐ Nein

2. Wie haben Sie von der Mediation erfahren?
   - ☐ Literatur
   - ☐ Vorträge
   - ☐ Angebot durch Fortbildung
   - ☐ Sonstiges

3. Ist Mediation ihrer Ansicht nach ein hilfreiches Verfahren, auch im kirchlichen Bereich?
   - ☐ Ja
   - ☐ teilweise
   - ☐ Nein

   Möchten Sie bitte die Gründe benennen?

Ich bedanke mich für die Zeit, die Sie sich genommen haben, um diesen Fragebogen auszufüllen

Printed by Books on Demand GmbH, Norderstedt / Germany